# 好的教育（第二版）

## 区域教育生态理论的研究与实践

周培植 著

教育科学出版社
·北京·

# 目　录

前　言　指向月亮的手指

什么是教育？《辞海》里是这样定义的：广义指以影响人的身心发展为直接目的的社会活动；狭义指由专职人员和专职机构进行的学校教育。教育随社会的产生而产生，是人与社会发展必不可少的手段，为一切社会所必需，又随社会的进步而发展。教育受社会政治、经济、文化等方面的制约，也对社会整体及其他方面产生影响。

　　人类历史以及所有的经验都印证了这样的事实——人与社会总是在孜孜不倦地追求好的东西。对于究竟什么是"好的东西"的判断与选择，几乎都是经由各式各样的学校，经由教育而形成的。也就是说，教育与人和社会如影随形。学校及教育影响着一个人乃至整个社会能否清晰、准确地判断、选择并且追求真正的好的东西，进而深刻地影响着一个人乃至整个社会能否真正朝好的方向发展。正因为如此，一旦社会文明陷入危机的时候，显现各式各样不好的现象的时候，我们就会认为"好的教育"是重要的解决之道。总之，社会与人是密切相关但并非同质的领域，这两个领域在教育中实现了独特的聚合，"好的教育"与好的人与社会正相关。

什么是"好的教育"？可以肯定的是，生态的教育一定是好的教育。生态的教育是社会生态文明的重要组成部分。近年来，习近平总书记不断地领导和推动着我国生态文明建设的顶层设计。习近平总书记在十九大报告中指出，人与自然是生命共同体，人类必须尊重自然、顺应自然、保护自然。……我们要建设的现代化是人与自然和谐共生的现代化，既要创造更多物质财富和精神财富以满足人民日益增长的美好生活需要，也要提供更多优质生态产品以满足人民日益增长的优美生态环境需要。他要求，必须坚持节约优先、保护优先、自然恢复为主的方针，形成节约资源和保护环境的空间格局、产业结构、生产方式、生活方式，还自然以宁静、和谐、美丽。

在生态思想及其哲学理念的观照下，本书试图融合从古至今的生态智慧，剖析教育的本真，进一步解读"好的教育"的内涵与核心，同时，解构促成"好的教育"的理念、基因、伦理和框架。其中，我们最为关注的是，教育生态理念如何成为"好的教育"的核心价值信仰，并且如何助益一所学校、一个区域发展好的教育，成全好的人与社会。

## 教育定力的淬成

定力，原为佛教用语，是指伏除烦恼妄想的禅定之力。

早在 2000 年，浙江省杭州市下城区即开展了区域教育生态理论的研究与实践，至今已历经了从生态直觉到生态觉醒最终走向生态自觉的三大进程。2000—2001 年，时逢浙江省开展省教育强区创强工作，下城区举全区之力以绝对优势顺利通过验收。在申报验收的过程中，下城区深刻感受到经费投入、硬件设施、领导重视、部门支持等教育外部环境之于教育改革发展的重要推动作用。由此触发了下城区将教育与环境紧密对接的思路，进而从环境生态的角度萌发了对教育外环境生态的关注。

同时，下城区教育局也敏锐地关注到，除硬件等外显指标外，教育领域其实存在着更深层次的问题和矛盾。比如千校一面的同质化现象；比如唯分数论的单一评价方式；比如教与学方式的僵化与异化；比如"目中无人"的机械化倾向等。凡此种种，有违教育规律的现代教育"沙化"现象，导致教育生态失调，并日益成为阻滞教育发展的软遏制力。产生教育"沙化"的原因并非是单一的、偶然的，而是复杂的、持续的。一个众所周知的事实是，教育发展到一定阶段，仅有外部环境是远远不够的，必须还要有强大的内在动力和良好的外部环境共同作用、双向互动。基于此，下城区明确了"营造高品质教育生态"的目标，围绕多样、再生、可持续、内涵发展等核心词，由外向内，内外结合，开始逐步树立起教育生态领域的基本思想。这标志着下城教育凭借对教育的敏感产生了最原始、最本能的教育生态直觉。

2003 年，下城区借力行政助推在区域内各校边探讨边实践，自上而下全面渗透教育生态思想。多元、多样、自主、协同、再生、圆融、开放、尊重、责任等生发于教育生态的理念、观点，仿佛染色一般，逐渐晕染至制度设计、布局调整、教育教学、教师成长等方方面面的工作中。下城区的教育者、受教育者、教育内容乃至教育物资等教育要素都在不知不觉中被打上了教育生态的底色。在行政助推的同时，下城区深化了与教育生态相关的学术研究，着手将区域本土视角下的教育生态思想逐步提升为"区域教育生态理论"，以鲜明、科学的理论稳步统领区域教育的整体发展。2008年5月16日，在全国首届区域教育生态理论研讨会上，与会专家一致指出"区域教育生态理论"是全国率先形成的具有区域特色的教育理论，具有样本意义。它标志着下城教育虽然伴随着诸多的分化、模糊、碰撞，历经质疑、争议和冲突，却终于内蓄了饱满的张力，唤起了集体的教育生态觉醒，为教育生态理论研究与实践提供了基座。

2008年以来，经业界和官方的共同认可，区域教育生态理论被确立为下城教育发展的核心理论，为求理论的进一步发展，使理论能够更广泛、更深度地惠及教育，下城区又开启了与中央教育科学研究所①的合作，并于2009年11月15日正式成立中央教育科学研究所下城教育生态研究中心。下城区和教育学术机构联手共同致力于区域教育生态理论的学术研究和传播，旨在全面提炼、升华区域教育生态理论，并且实现对教育生态领域研究的补充和丰富。这表明，以正式纳入体制为标志，以制度保障为条件，下城区主动选择推进区域教育生态理论研究与实践的道路，崭露了生态自觉的锋芒。

生态直觉—生态觉醒—生态自觉，2000年至今，下城区一直坚定地行进在生态教育研究和践行的阳光大道上。近二十年来，

①　"中央教育科学研究所"于2011年11月正式更名为"中国教育科学研究院"，本书以时间为轴，2011年11月前沿用旧称。

无数的事件，包括众多貌似轰轰烈烈、躁动一时的教育改革，都像那些高速织机吐出的成捆成捆的织带一样断裂了，被一往无前的历史迅速覆盖了、湮没了。而下城区的教育者们却经年累月地专注于一件事、一个理论，用自己对教育的情感、敏感淬成了岿然不动的教育定力，在呼啸而过的时代洪流中，荡漾着沉静且浪漫的教育气质和情怀。

## 好的教育

达尔文在他的自传中写道："直到三十岁为止，或者更久一点，很多诗词给予我极大的乐趣。甚至于当我还是个学童的时候我就非常沉醉于莎翁著作，尤其是他的历史剧。我以前也说过画作给我颇大的喜悦，而音乐给我的喜悦则更多。但是现在我已经有多年无法忍受读诵即使只是一行诗。最近我试着一读莎翁著作，结果却发现它无比沉闷到令我作呕。我对音乐和绘画也几乎毫无胃口……我的心灵似乎变成了一台只会从大量事实中榨出通用法则的机器，但是为什么这会造成大脑中主管较高层次嗜好的那一部分萎缩，我可就搞不懂了……这些嗜好的消逝也就是快乐的消逝，而且可能损害智力，更由于衰减了我们天性中的情感部分而可能也损害了我们的道德性格。"（舒马赫，2007）[73-74]

达尔文的失落，可以用叔本华的哲学来回应。在《比喻和寓言》中，叔本华描绘了这样一道自然风景：在成熟的玉米地里，除了沉甸甸的玉米棒子外，还有一些结不出果实的、没有什么用处的、各色的花朵，相比于玉米棒子，这些花朵不过是杂草而已，但是正是这些花朵才使这里的景色平添了妩媚和艳丽。令达尔文失落的诗歌、画作、音乐，以及它们所带来的喜悦，在注重名利、功用、获益的现实生活中，所扮演的角色就像是玉米地里的花朵。达尔文的失落意味着价值的失序，这种现象在今日随处可见，只求实用利益的生存注定毫无生气，就像只有沉甸甸的玉米棒子的土地，毫无风情，并且会沉重到让人窒息一样。

本书的研究，怀抱达尔文式的失落将会产生淹没整个社会文明的忧虑，怀抱叔本华式的哲思将会重新催开遍地鲜花的期许，集中探讨教育之于人与社会的深刻影响，强调价值失序的拯救，需要落实"好的教育"。

带着这种情怀，关于"好的教育"的营建成为本书的中心议题。

首先，本书审视了几个基本的教育主题。第一个主题是教育生态理论的基本立场——生态本真。这个主题从放眼众生的视野，阐述对生命的敬畏，探讨人、人性和人道，并对从古到今的生态智慧进行了梳理。第二个主题是教育生态理论的根本追求——教育智慧。这个主题聚焦"人"这一生命体范畴，从最基本的人出发，讨论自我，强调教育即爱。第三个主题是教育生态理论研究的特定范围——域的视角。这个主题不仅从生态系统的角度去探讨，也从区域、校域、班域的角度去切入，还更加深入地从家庭、学校、社会三方关系去展开思考。第四个主题是教育生态理论研究的重要内容——教育基因。这个主题从信仰与价值、文化与课程、制度与组织三个方面去阐述如何让不同更不同。第五个主题是教育生态理论研究的发展之本——教育伦理。这个主题从生态课堂的基点来讨论师生共情，从关怀的角度来讨论生生共长，从教育的完整性方面来讨论亲子共融。

以上的教育主题，体现了本书的研究层次是从洞悉全景到体察微观。一开始着眼于宽泛的"生态"主题，让我们尽可能更好地理解教育组成如何结合在一起，随后各个主题渐次缩小，按照"生态本真—教育智慧—域的视角—教育的基因—教育伦理"的逻辑演进，又让我们可以进一步仔细思量教育组成的一些细节，使我们对于教育的理解能够拥有从整体到局部的视角，既有更大的包容感，也有更大的亲密感。

其次，本书着重选取潜移默化的隐性途径，表达教育生态理论研究与实践所带来的教育价值观和教育活动的变动。一方面，我们关注近二十年以来教育活动所呈现出的无序、消极状态，如对生命的漠视，对自我的压抑，对他者的不尊重，责任、价值的缺失等，以及它们所导致的种种教育退守、降格。另一方面，选取了一些大家司空见惯、习以为常的教育行为，如教育制度及教学组织方式的变革、不同教育主体之间的关系及教育中一些常见场景等。

正如好和坏、有序和无序、消极和积极，它们在教育体系中其实是对立依存的，"好的教育"是在对立的两面中被提炼出来的。如果说，"好的教育"的形成过程好比一个巨大的机械钟的运转过程，那么，本书选取和描述的种种教育现象就是这个大钟里一个个隐性的齿轮，它们环环相扣地运转、作用，也让我们看到了教育生态文化日渐鲜明、清晰。

总之，价值的失序和重建，都不是突然的。教育的问题只是反映了我们这个时代最深刻的问题。我们的任务，就是要了解当今世界，然后做出我们的"好的"选择，并且用我们坚定的选择去重拾我们的美好，让我们的玉米地里，不仅有沉甸甸的玉米棒子，也有怒放的花朵，摇曳多姿、风情万种，找回生命应有的绚丽多姿。

因此，本书的研究通体流淌着思辨和现实交织的血液。它并不落脚于教条地对何为"好的教育"进行严密的条缕分析和反复纠结，或者对其进行主观定义，将之费尽心机地概念化，也不做浮于说教、游离现实的隔靴搔痒。它其实是一项更为宏大的努力，这种努力以大社会教育环境为背景，把教育生态理论研究与实践的过程耐心地落实到最具体、最实在、最普通的人物或事件中，并试图用这些教育事实解释、表达教育与社会之间的辩证互动。这种辩证互动呈现出一个意义更为丰富的、多元的教育世界，从而，更立体地彰显出所有教育工作者为了营建"好的教育"，从不曾止步过的精神景象。

## 指向月亮的手指

一位上了岁数的佛教徒说，"指向月亮的手指不是月亮"（科扎克，2010）。这提醒我们，我们不应该傻傻地认为，指向结果就是结果本身，就好像我们手指着月亮，并不表示我们已经摸到了月亮。

我们开展教育生态理论的研究与实践是为了实现"好的教育"，却不表明当下就已经实现了"好的教育"。比如，在本书中，我们可以提取以下一些关键词：天人合一、教学相长、有教无类、因材施教、生命、多样、协同、自主、选择、差异、均衡、轻负高质、共生①、安详、欣欣向荣……。这些确实是教育生态理论，以及"好的教育"所传达和指向的价值取向，但它们并不说明我们已经完全实现了这样的教育，它们只是"指向月亮的手指"。

本书的研究，选择了一种中性的态度，既不妄自尊大地认为我们已经身处最生态的教育，也不妄自菲薄地认为我们只是在脱离实际地空谈概念和理论。我们确信开展教育生态理论的研究与实践，不是为了最终建构一个教育理论，而是为了最终追寻"好的教育"。而创作本书的宗旨，也不是为了解构一个教育理论，而是为了鲜活地反映教育生态理论是怎样助益于各地区、各学校不断发展"好的教育"的。我们希望，教育生态理论能够滋养生发出独特的教育文化气质，淬炼教育的质地与定力。

本书所涉及的教育生态理论研究与实践始终立足本土，是在长期的实证中形成的，从教育行政主管部门，到学校和教师各个层面的实证材料都极为丰富，这些实证材料为本书的研究提供了素材。但是，这些素材几乎都还未曾基于研究意义做升华和提炼，显得比较零散。为了呈现教育生态理论的思想、观念，我们不得不依靠这些零散的素材，所以，最终选择用加注的形式，尽可能原汁原味地反映教育事实，也最大限度地还原近二十年来浙江乃至全国教育的真实面貌，希望能够和读者共享源自浙江的教育样本。但是，这项工作是复杂而艰难的，难免存在疏漏之处。

不管怎样，本书的研究最令人欣慰及最激励人的地方在于它

---

① 共生：是指两种不同生物之间所形成的紧密互利关系。在共生关系中，双方互相提供有利于生存的帮助。这里指在教育研究的过程中，互相影响的各个因素之间的紧密关系。

让我们认识到，尽管有局限，但是我们毕竟有了"指向月亮的手指"，有了通向"好的教育"的方向。

早在 19 世纪中叶，克尔恺郭尔就曾经发问："我在哪里？我是谁？我怎么来到这里的？这个叫做世界的到底是什么东西？这个世界到底意味着什么？是谁把我诱进这个东西，然后又一走了之？……我究竟是怎么来到这个世界的？为什么没有人给我咨询？……我要向谁诉苦？"（舒马赫，2007）[62] 过了将近两个世纪，克尔恺郭尔的发问好像从来没有消逝过。它裹挟着人们身处社会的不知所措、不知所终的不安，绵绵不绝地萦绕在人心深处。而我们代代相传的教育，归根结底都仿佛是在殚精竭虑地指引人与社会走出迷津，企图用"好的教育"，成全"好的人与社会"，虽然一直收效甚微，却一直不气馁。

我们也是这样在努力。

虽然今日我们一样收效甚微。

但是，我们仍不气馁。

# 第一章　生态：基于生命本真

# 第一节　敬畏生命

　　"生命"一词通常指包括人、动物和植物在内的一切生命现象；"敬畏"一词具有"崇敬"和"畏惧"的双重意义，表达对生命的一种虔诚态度。不论是在传统佛学"一花一世界"的思想中，还是在英国诗人布莱克①"一颗沙里看出一个世界/一朵野花里一座天堂"的诗句里，都表达了对生命最基本的态度，那就是：在浩瀚宇宙中，所有生物宛若恒沙微尘，虽然渺小，却都自成一世界。因而，生着的一切，都无往而不美，应受敬畏。这一节主要以自然的视角，放眼众生谈生命的千姿百态，谈自然无往不美，谈生命的美感、情调、张力、价值，谈生命的令人动容之处，从而认知并且热爱生命之美。

---

## 放眼众生

　　大千世界中的一切生命现象，各有姿态。

　　比如微生物，小而旺盛。它们的外形不一，有的像球，有的似卵，有的如水母般飘逸，有的如海螺般弯曲盘旋，有的如星星般闪闪发光，有的如龙虾般威武……它们的色彩斑斓，有的蓝绿相间，有的白里透红，有的闪着耀眼的绿光，有的发出神秘的紫光……。它们"微不足道"，却一样生生不息。

---

　　① 威廉·布莱克（William Blake，1757—1827），英国第一位重要的浪漫主义诗人，代表作有诗集《天真之歌》《经验之歌》等。

比如花草树木，葳蕤峥嵘。花有花的性格：玫瑰长着刺，浓郁而泼辣；牡丹丰满凝香，富丽而华贵；梅花冰雪中吐蕊，料峭而骄傲；樱花刹那盛放，飘零而灿烂；昙花短短绽放，惊艳而极致……草有草的绰约：漫山遍野，春来吐绿。有的短小，有的狭长；有的纤细，有的柔韧；有的匍匐，有的缠绕；有的寥寥落落，有的绵延成片……树木有树木的丰饶：有的高大浓密，仿佛高峙的庙宇，又像海上的舰队，树枝像波浪般摇曳起伏，还像涟漪般闪烁生光；有的颀长秀丽，仿佛顾盼生辉的少女，树叶迎风沙沙作响；有的矮壮敦实，丛丛簇生，树叶在疾风中也只会是微微地颤动……。它们任性地生长，各有千秋。

比如飞禽走兽，气派天真。有的在森林之中，自由而奔放地，并且是秘密地生活着。它们在周遭觅食，只有捕猎者才知道它们的所在。当中有红色的松鼠，从树枝上盘旋下来，又蹭蹭地盘旋而上；斑鸠则在水面上静坐，或从一根枝丫飞到另一根枝丫；白肚皮的燕子会在水波上掠过；田凫常常摇摇摆摆地走在石头岸上；潜水鸟像王者一般悠然地浮在水上。有的动物则安然地生存在人们的生活中，堂皇而自得，牛羊们行动迟缓，猫狗灵活地穿来穿去，蚂蚁在和丽的阳光下忙碌，它们声气相投，有着无穷兴会。

比如人们，凡俗温暖。孩子们欣欣然地来到了世界上，睁眼、吮食、微笑、学语、开步，慢慢长大；少年们茁壮成长；青年们志气昂扬；中年人稳若磐石，或舐犊情深，或反哺长辈，常常扶老携幼，全家其乐融融；老人们的脚步越来越慢，沉醉在黄昏的景致中……总是有人新来，总是有人离开……他们仿佛旅客，行走人生。

……

小而旺盛的微生物，葳蕤峥嵘的花草树木，气派天真的飞禽走兽，凡俗温暖的人们，他们同在大千世界，都是自然的一部分，各有自己在自然中的角色，同构了芸芸众生。

## 玉米地的启示

有时候，自己的无用之处，可能是别人遥不可及的美丽。对此，叔本华（2009b）[161] 有深刻的喻示：

在一块成熟了的玉米地里，有一处被人胡乱踩出来的缺口。我站在那里，看见到处都是沉甸甸的玉米棒子。在那些长得笔直的玉米棒子之间，长出了一些蓝色、红色、紫色的花朵。这些花朵气质天成，在其绿叶的衬托下，显得分外妖娆。但我在想，这些花朵可是没有什么用处，也结不出果实。纯粹只是属于杂草而已。这些花草长在这里只是因为人们无法把它们清除干净。不过，正是这些花朵使这里的景色平添了妩媚和艳丽。

事实上，一切的生命现象，就仿佛玉米地里那些结不出果实、没有什么用处的花朵一样，都有它们存在的理由。

微小如单细胞的原绿球藻，人们只有在显微镜下才能看到它们的生命形态。在众多奇特美丽的海洋生物中仿佛可以忽略不计，但如果少了它们，很多生命就无法繁衍。因为这些漂浮在大海上的生物，拥有高效能的光合作用机制，能轻而易举地将收集到的阳光转化为养分，供自己生长。它们为海洋生物提供食物，构成食物链的一端。同时，它们还吸收海洋中的二氧化碳，用其中的碳构造自身细胞并释放出氧气，为海洋中其他生命提供赖以生存的条件，并为抑制全球变暖做出自己的贡献，它们小小的生命，却有很大的作用。

平凡如戈壁滩上的无名小花，它们虽然籍籍无名，却也非常奇特。它们每朵花有四个花瓣，一个花瓣一种颜色，分别是红、黄、蓝、白。这种花在只适合根系较庞大的植物生长的茫茫戈壁上显得分外娇艳。要知道，它们需要用上五年的时间才能完成根部对泥土的植入，到第六年才吐蕊，而且花期只有两天，两天过后就连花带茎一起枯萎死亡。可是，如果没有了这些倔强、渺小、灿烂的无名小花的绽放，我们的戈壁滩是不是会更加荒凉？

寻常如蚂蚁，在生物学上它们是无脊椎低等动物，低级、渺小，但是它们有着所有生命应有的严肃和深刻。为了给蚁后提供一个生育后代的安全场所，蚂蚁们会根据地理环境精心地建造合适的巢穴。这个巢穴不但要安全隐蔽、宽敞舒适，还要湿度适中、交通便利。它们挖好巢穴之后，还要将挖出的泥土搬运至离巢穴一段距离的地方，以免留下形迹，被敌人发现。此外，在旱季，随着湿度逐渐降低，蚁巢有脱水的危险，将危及幼蚁的性命。为此，工蚁们会马上外出寻觅水源，将水用前足逐滴抬回来放于洞穴的墙壁处，以保持通道和内室的湿润，而下雨过后，蚁巢又有水浸之虞，它们又会将水逐滴抬出洞外以防止幼蚁被淹死。这些蚂蚁的存在，除了生物学意义外，还给人类提供了礼赞生命的凭证。

凶残如虎狼，也不可缺少。美国曾有个地方牧草繁茂，当地的人们养了一些羊在那里放牧，可是总有一些虎狼来这里吃他们的羊。当地人猎杀了这些食肉动物后，他们的羊就没有威胁了，便迅速地大量繁殖，但是草生长的速度赶不上羊繁殖的速度，草场渐渐被吃光了，羊群便慢慢地被饿死了……你以为不应该有的生命存在，原来是必不可少的。

在这个世界上，有树的地方常有鸟，有花草的地方常有昆虫，植物长出的叶和果为昆虫提供了食物，昆虫成为鸟的食物源，鸟成为鹰和蛇的食物，有了鹰和蛇，鼠类才不会成灾……世界苍生就是这样休戚与共，相得益彰，仿佛叔本华的那片玉米地，谁都是风景，谁都是理所应当的存在。

## 生命之美，是感人的

哲学家梭罗曾经孤身一人在优美的瓦尔登湖畔居住了两年零两个月又两天的时间。这期间，他自己伐木建造了一个小木屋，并且自食其力，在小木屋周围种植了豆类、萝卜、玉米和马铃薯。同时，他与禽兽为邻，过了一段原始简朴的生活。出版于1854 年的散文集《瓦尔登湖》①就详细记载了他的这段生活。在《瓦尔登湖》一书中，梭罗（2004）所记录的草莓、黑莓、长生草、狗尾草、矮橡树、野樱桃树、越橘、落花生，以及野鸽子、

---

① 《瓦尔登湖》是美国 19 世纪超验主义先驱梭罗的作品。梭罗认为人除了必需的物品，其他一无所有也能在大自然中愉快地生活。他在 1848 年干了一件罕见的事情，就是拿了一把斧头，到康科德郊外的林中搭建了一个小木屋，然后每年劳动 6 周，其余时间用来阅读和思考。他的一切所需均依靠自己动手获取，这样在湖畔生活了两年，之后将湖畔生活写成了被称作超验主义圣经的《瓦尔登湖》一书。本书记录了作者隐居瓦尔登湖畔，与大自然水乳交融，在田园生活中感知自然、重塑自我的奇异历程。

鹧鸪、蚂蚁、松鼠、兔子、狐狸……无不闪耀着生命的美。

五月尾，野樱桃在小路两侧装点了精细的花朵，短短的花梗周围是形成伞状的花丛，到秋天里就挂起了大大的漂亮的野樱桃，一球球地垂下，像朝四面射去的光芒。它们并不好吃，但为了感谢大自然的缘故，我尝了尝它们。黄栌树在屋子四周异常茂盛地生长，把我建筑的一道矮墙掀了起来，第一季就看它长了五六英尺。它的阔大的、羽状的、热带的叶子，看起来很奇怪，却很愉快。在晚春中，巨大的蓓蕾突然从仿佛已经死去的枯枝上跳了出来，魔术似的变得花枝招展了，成了温柔的青色而柔软的枝条。

从来不采越橘的人，以为已经尝全了它的色、香、味，这是一个庸俗的谬见……水果的美味和它本质的部分，在装上了车子运往市场去的时候，跟它的鲜丽一起给磨损了，它变成了仅仅是食品……没有一只纯真的越橘能够从城外的山上运到城里来的。

有一次我偶然把它们（鹧鸪的幼雏）放在我摊开的手掌中，因为它们从来只服从它们的母亲与自己的本能，一点也不觉得恐惧，也不打抖，它们只是照旧蹲着。这种本能是如此之完美……它们睁大了宁静的眼睛，很显著地成熟了，却又很天真的样子，使人一见难忘。这种眼睛似乎反映了全部智慧。不仅仅提示了婴孩期的纯洁，还提示了由经验洗练过的智慧。鸟儿的这样的眼睛不是与生俱来的，而是和它所反映的天空同样久远。山林之中还没有产生过像它们的眼睛那样的宝石。

要没有兔子和鹧鸪，一个田野还成什么田野呢？它们是最简单的土生土长的动物……与大自然同色彩，同性质，和树叶，和土地是最亲密的联盟……看到兔子和鹧鸪跑掉的时候，你不觉得它们是禽兽，它们是大自然的一部分，仿佛飒飒的木叶一样。

梭罗，这位 19 世纪美国最具有世界影响力的作家、哲学家，就是这样以自己的身体力行，借助他质感、细腻而富有哲思的文字，传神地表达了生命的朴素，以及朴素的生命所具有的感性的征服力！

事实上，所有的生命之美，都令人动容。

高海拔山地森林中，在如墨似玉的冷杉、云杉等针叶林下的杜鹃一丛丛、一簇簇地怒放，非红即紫，或粉或白，枝大花大叶大。但是海拔继续攀升以后，裸露在针叶林之外的杜鹃花却花叶紧致，低矮如灌木。同样的物种，在不同的环境下却经历着迥异的命运，甚至改变了形态。还有荒凉、死寂的塔克拉玛干沙漠腹地中，如执戈而立的壮士一样的雄奇、苍劲的胡杨；"野火烧不尽，春风吹又生"的草地；弱光地带中逆行演化、退中求进地主宰着黑暗家园的蝙蝠；在黑暗的世界中世代相袭，不知昼夜寒暑，过着桃花源般生活的、从未目睹过繁华世界的洞穴盲鱼；以及，所有最为寻常不过的一草、一木、一飞鸟、一游鱼、一走兽，都在用自己的方式述说着生命的美。

人，更是如此。长街上，人如潮涌：有尚在襁褓中的婴儿，有雀跃伶俐的孩子，有初生牛犊的少年，有时尚青春的青年，有中流砥柱的中年，有迟暮的老人。他们各有自己的人生姿态，各用自己的人生姿态展示着这个世界的生生不息……

是的，所有的生命之美都令人动容。每一个生命都有自己那一片珍贵的"瓦尔登湖"。重要的是，我们要有一颗如梭罗一样的内心，去细致入微地体察，并且感同身受。

## 生命的权利

"权利"包含利益、主张、资格、力量和自由等要素。所有的生命都有天赋的权利，对这些天赋权利的无知，甚至是简单的轻视，都会给这个世界造成严重的破坏。因而，尊重生命的权利，是敬畏生命的最基本命题。这一节重点讨论生命的独一无二与尊贵，直视生命的不被尊重、重视，追问生命应得到的礼遇，认识生命是一场旅程，是经历与欣赏。无论是何种生命都理应将旅程中的风光尽收眼底，并从社会意义的角度形成对生命权利的基本认识和尊重。

美国畅销童书作家南希·蒂尔曼[①]（2010）创作了绘本《你出生的那个晚上》。她在这本赞美生命、庆贺新生命诞生的绘本故事里，着重让孩子们体会到在这个世界上，他们有多么重要、多么独特。她还在书的起始部分引用了《圣经旧约》中的赞美诗："因你受造，其妙可畏……"她传达给每一个年幼敏感的儿童一个信息——"你是永远的唯一"。

你出生的那个晚上，

月亮笑了，露出满脸的惊喜。

星星偷偷地钻了出来，就想瞧瞧你。

---

① 南希·蒂尔曼（Nancy Tillman）是一位成功的贺卡设计师，曾任广告公司总监，现为畅销童书作家。她创作的绘本《你出生的那个晚上》及其姊妹篇《你是我的奇迹》均荣登《纽约时报》图书畅销排行榜，被众多家长视为送给孩子的最特别、最有价值的礼物。

晚风悄悄地说：

"生命因为有你而不同。"


因为在这个世界上，

从来没有出现过一个和你一模一样的人。


听，微风，细雨，如此迷恋于你，

久久吟唱着你那美妙的名字！

你的名字充满了神奇的魔力，

就让我们先来大声地念出它吧！

你的名字随风飘扬，

越过田野……

飞过海洋……

穿过树林……


直到每个人都听见你的名字，

直到每个人都知道，

你是永远的唯一。


世界上从来没有过这样的眼睛，

这样的鼻子，

这样顽皮可爱的、蹬来蹬去的小脚丫。

我猜，只要我从一数到三，

你就会对我动动脚趾头。

北极熊听到了你的名字，

翩翩起舞，整夜无眠。


大雁听到了你的名字，

不远万里，飞回故乡。


月亮听到了你的名字，

整夜守候，直到天明。


瓢虫听到了你的名字，

悄悄停留，不愿离去。


所以，每当你怀疑自己是不是真的很特别，

或是想知道有没有人爱你、这些爱有多深时，

就请听一听天空中大雁的鸣叫。

（它们正在高唱对你的思念之歌。）


或者，看一看动物园里呼呼大睡的北极熊。

（它们昨晚为你跳了一整夜的舞。）

或者，伴着风声悄然入睡吧。

（侧耳倾听，清风又在低声吟唱你的名字了！）


如果有一天，月亮整夜高挂天空，

瓢虫落在你身边，不肯离去，

或者小鸟停留在你窗前，

那是因为它们都想看到你甜美的笑容……


我的宝贝，从前的世界里，

从未出现过这样特别的你

（无论故事，还是诗歌），

从前没有，以后也不会再有……


在你出生的那个美妙而神奇的夜晚，

天堂里号角齐鸣。


"生命因为有你而不同"，翻开这本饱含着深厚的生命体验和感知的书，我们会看到大自然里许多的元素——月亮、清风、飞鸟、海洋、昆虫和动物。这些充满了诗情画意的每一幅图，都在赞美着新生命的诞生。当你没有出现的时候，这个世界上怎么会有与你相关的故事和赞歌呢？而你的来临，让整个世界为之倾倒、为之歌唱。在这里，自然与孩子是那样和谐地融为一体，让我们真切地感到生命世界的相通与相融。南希曾说，在书里，她用一些平日常见的事物，像飞鸟、瓢虫、终夜高挂的月亮来庆贺新生命的诞生。她希望孩子们即使在长大成人后，还是能够因为看到这些事物，而感觉到自己很重要。

《你出生的那个晚上》不仅给了孩子温暖，也给了成人重温生命感动的力量。总而言之，无论花草虫鱼，一切的生命，都"其妙可畏"。

## 生命的礼遇

礼遇，即以礼相待，尊敬有礼的待遇。在这个世界上，我们应该施以每一种、每一个独一无二的生命怎样的礼遇？

不丹王国，这个80%人口都是农民的山地小国，虽然绝大多数人刚刚走出闭塞艰辛过上温饱无忧的生活，但是他们的幸福指数却高居世界前列，被誉为世界上最幸福的国家之一。他们最大限度地保持着传统的生活方式，坚守着本民族的价值认同和文化传承。

在这个国家里，国民有着一种平衡感、价值感和安全感。一是因为国家比较封闭，2005年以前每年只有不到一万人被允许进入不丹旅游。他们国民的贫富差距很小，所以，国民不容易与外界做比较，内心很容易获得满足，国民的生活相对平衡。二是因为不丹人都脚踏实地地工作，全民信奉佛教，注重奉献和助人为乐。每个人能够比较容易地实现自己的理想，同时不丹全民都享受免费医疗和教育，病有所养、学有所供，所有不丹国民最大的后顾之忧都得到了解决，所以他们都平静地安享生活。三是这个国度民风淳朴，生活简单，信仰坚定，随处都可以发现人们的单纯、善良、宽厚、仁慈，他们至今仍保存着很多古老的节日和艺术形式，每到节日人们就会聚集在一起载歌载舞，举行各种各样的文化和娱乐活动，他们的生活宁静、安详。比照当下的很多国家，经济增长高于一切，信仰缺失，很多人沉迷在物质的追求和享受中难以自拔，最终却活得越来越不幸福，更难获得人生的平衡。

不丹王国告诉我们，尽量少的打扰、给予适度的保障、坚守价值、保有信仰、心灵平静，就是给予生命很好的一种礼遇。

梭罗（2004）在瓦尔登湖畔种豆的时候，也以他的方式诠释了另一种对生命的礼遇。

一清早，我赤脚工作，像一个造型的艺术家，在承露的粉碎的沙土中弄泥巴，日上三竿以后，太阳就要晒得我的脚上起泡了。太阳照射着我锄耰，我慢慢地在那黄沙的冈地上，在那长十五杆的一行行绿叶丛中来回走动……我除草根又在豆茎周围培新土，帮助我所种植的作物滋长……这就是我每天的工作。……当我的锄头叮当地打在石头上，音乐之声传到了树林和天空中，我的劳役有了这样的伴奏，立刻生产了无法计量的收获……

此时的梭罗，就是一位虔诚的农夫，他心无旁骛、专心致志地种植豆子，他专注地关心一切和豆子生长相关的事务。他不仅种豆子，还了解豆子，并且和豆子一起生息。豆子不过是豆子，可是虔诚的农夫就像在对待至高无上的生命一样，这难道不是给予生命最好的礼遇吗？

施韦泽①指出：善是保存生命，促进生命，使可发展的生命实现其最高的价值；恶则是毁灭生命，伤害生命，压制生命的发展（杨通进，2008）。不丹的幸福直抵人类的心灵深处，那是因为这个国度懂得对国民施以善，让所有的生命可发展，与所有的生命休戚与共；梭罗种豆的情怀让人触动，那是因为他给予了自

————————
　① 阿尔贝特·施韦泽（Albert Schweitzer，1875—1965），出生于德、法边界阿尔萨斯省的小城凯泽尔贝格，是当代具有广泛影响的思想家，他创立的以"敬畏生命"为核心的生命伦理学是当今世界和平运动、环保运动的重要思想来源。

然生命极高的敬畏，他让人体认到人越是敬畏自然的生命，才会越发敬畏人的生命。

所以，关于对生命的礼遇，那就是对生命最大限度地施以善与敬畏吧！

## 沿途的风光

阿尔卑斯山的山谷中有一条路，两旁风景如画，美不胜收。山谷的入口处竖着一块牌子，上面写道："慢慢走，欣赏吧！""慢慢走，欣赏吧！"——这对于每一个生命个体，都堪称金玉良言。因为花开一季，它就走过了这一季的昼夜，含咀了这一季草木、吟风、流水、霹雳、星空等的万象轮回，吐露了自己的美不胜收。草木如此，飞禽走兽也一样，它们在自己有限的生命里，领略过高空、草地的风情，释放过自己的勃勃生气。那么人呢？人的一生，有过无数的昼夜，走过无数的风景，就仿佛一段长长的旅途。可是，人究竟能不能一边慢慢走，一边慢慢地欣赏沿途的风光呢？

欣赏沿途的风光，要有还原朴素生命的能力。当今世界，是一个繁华与灾难同比增长的世界，价值观多元，物化选择庞杂，人很容易随波逐流、物欲膨胀、藐视危机。教育也往往以一种技术的实用主义在培养生命，很多孩子学画画是为了以后考级，弹琴是为了争取艺术特长生。孩子不知道这些和他的气质、他的内心有什么关联，所以，越来越多的孩子变得冷漠和世故。他们没有激情，对别人的伤痛没有体察，对别人的欢喜没有同感。他们错失了审美，错失了丰富和浪漫的生命，错失了生命中最单纯的力量。正如有句谚语所说：山路上开满了鲜花，但是在牛羊的眼里那只是饲料。当今世界很大的一个悲哀不是世界上没了鲜花，而是越来越多的人以牛羊的眼光看世界。有时候，灾难会让我们反省。比如，2008 年汶川大地震以后，人们突然发现，当生命真正裸露在苦难之中的时候，所有的人，不管是家财万贯、学富五车，还是有多少头衔，同样都只剩下了对生命最本能的判断——到底什么是生命？这样的时候，生命得到一种朴素的还原。人们突然认识到，生命原来很简单，生命原来所求的并不多，生命原来那样值得感恩。如果不只是在灾难面前，而是一直保有这种对生命的还原能力，并且把它内化成内在的价值观，在平常的生命里延续下去，我们就会有能力坦率、宁静地欣赏这个辽阔的世界！

欣赏沿途的风光，要有对生命的领悟。在生命延续的过程中，学习知识固然重要，但比知识本身更重要的是体验，比体验更重要的是体悟。很多人总会在同一个地方一次次地跌倒、纠结、徘徊，尽管经过一次次历练，但是始终不能突破现实的局囿，或者怨天尤人，或者亡羊补牢，或者消极沮丧，这就是没有悟。现实生活中，人们总是落入学业、职业的窠臼，执着地开发学业能力、工作能力，却忘记了最珍贵的心灵能力。于是，人们对于自我的感受，对于世界的感受等生命的感悟力被遮蔽，生活得机械、麻木。这样的生命怎么看得见身边的风景？其实，在困顿、失落、迷茫之时，人要能够效法天地自然，看看自然中蓬勃的花草树木、壮丽的山河、浪漫的风花雪月，不断地从自然中寻找美好、吸收养分。只有唤醒自己的生命，才可以有能力时时顿悟，领略生命无限的美好。

欣赏沿途的风光，要有从容的心境。这是一个太快的世界，快得让人眼花缭乱，快得让人无法停下脚步，快得让人惊慌失措，快得让人顾此失彼，快得让人只能埋头飞奔，无暇顾及身边的风景。其实，人生就是一个过程，每一个阶段都会不疾不徐地打开、展开，呈现出每一个阶段不同的状态。对于这些不同状态的变化，你既不要过于恐惧，也不要过分憧憬。只要你一直笃定地朝前走，就能够一一领略这些状态，而且每一次状态的变化还会给你带来淡淡的喜悦。在这个世界上没有两朵花是一样的，也没有两个生命的轨迹是重叠的，每个人真正要做的就是好好珍视自己、扬长避短、自我把握。这样，生命才会从容，才会徐徐地展开，才会轻盈地翩翩而过。

每一个生命，都是温暖、明亮、柔软和天真的。每一个生命都有理由看过每一年花开花谢，每一天日出日落，看得见生命的灿烂和温柔。每一个生命都要坚信沿途的风光值得你一路欣赏。不论生命的旅程会将你带到何处，要记住，生命不是一个任务，它是一趟旅程，应该充满美好、喜悦和丰富——"慢慢走，欣赏吧!"

# 第二节 人、人性、人道

　　人是复杂的生命体，具有自然属性，同时具有在一定社会制度和一定历史条件下形成的社会属性，忽略人的自然属性或社会属性都是错误的。在这里，我们着重探讨最朴素、最本质的人性，以及怎样赋予渺小而有限的人生以价值与意义。这种探讨的目的在于：怎样更好地解释、激发、引导、组织人的行为？怎样更好地褒扬人的价值，捍卫人的尊严？怎样更好地实现人的存在价值？由此，深入探讨人的天性和特性。

## 人，应效法天地自然

　　天地自然宁静，不言自美。

　　如果来到海边，我们就可以见到蔚蓝的海水。沿着海岸线一直走的时候，微风拂面，则能够更真切地触摸这种蔚蓝的温柔、清澈，心底充满了快乐。有时，海面异常平静，没有一丝波澜，似乎沉睡了一样。海边的房子周边往往长满了繁花碧草，无所顾忌地吸收着和煦的阳光，一些小动物常常过来，把这儿的花儿和一些小植物当作自己的美食。海水在阳光的照耀下一片蔚蓝，时时会在微风的吹拂下轻轻摆动。

　　森林之中，很多动物都是自由而奔放地生活着。鹰会在天空盘旋；野鸽子在疾飞，或者不安地栖息在高高的枝头，向着天空发出一个呼声；山雀会带着幼雏在泥土中找蚯蚓；鹧鸪睁着宁静的眼睛……有时，有鸟叫的回声在森林上空飘荡，就像是自然的旋律一样，微颤着从一片叶子转到另一片叶子，又从一个山谷传到另一个山谷。

天地自然常常能够激起人类的情感。即便是一些灌木、荆棘和一些最寻常普通的野生花卉也能呈现出图画般的美景，令人心旷神怡。光秃秃的岩石，也可以给人悲凉，甚至是压抑的印象。沙漠则会震撼人心。有时候，骤然看见一座大山，人们会很容易因此而进入某种庄严、崇高的情绪之中，因为高山的轮廓，那长久存在的地形线条会让人在一瞬间油然肃静。

天地自然就是这样沉静、纯洁，富有美感。没有什么比自然更温柔的了，真的没有。

人和万物一样是自然而生的。但是，因为文明，越来越多的人其实已经远离了大自然。他们面临着越来越多的问题，诸如贪婪、忌妒、迟缓、麻木、痛苦、残酷、绝望等，即便用尽各种办法试图解决，都无济于事。总是在挣扎，总是在纠缠不清，根本没有心境看看清晨的日出，看看夕阳西下的景象，或是仰望夜空闪烁的群星，也看不到天空中飞翔的鸟儿，看不到山的倒影，看不到天地自然中动静结合的美。只是竭尽全力地对付着熙攘混乱的人生，一边满足没完没了的需求，一边躲避和应付难以预料的苦难，完全遗忘了自己作为自然种属应该有的平和、静谧和满足。

有一个故事说，一位上师通常是在早晨向信徒讲道。有一天，他刚要开始讲道，一只小鸟就飞进来停在窗台上，唱起动人的歌曲，一会儿又飞走了。于是，这位上师对大家说："今天的讲道到此结束。"就像这只小鸟一样,自然中的苍生万物无不在以自己的方式呈现出生命的自然、自在与灵动的美。作为自然之子,人类应该经常忆起自己的种属身份,经常和花草树木、山川河流、林中的鸟儿,甚至和晚霞朝露进行交流,只有这样才可以真正摆脱通常的匮乏、不安,得以进入寂静、空灵的状态,呈现出自然之子应有的大美。

## 浮生若梦

李白说"浮生若梦,为欢几何",他把人的一生比作一场梦;他又说"君不见高堂明镜悲白发,朝如青丝暮成雪",这句话说的是早上是一位头发像青丝一般的妙龄少女,到了傍晚,变成了一个满头白发的老太婆,以此形容人生的短促。16世纪法国文艺复兴后期思想家、哲学家蒙田更是说人生如梦,深透地表达了人生的虚幻。《圣经·约伯记》中的一段话——"人为妇人所生,日子短少,多有患难。出来如花,又被割下,飞去如影,不能留存"——则是把对人生的虚无哀叹到了极致。

如果浮生若梦,那就给人提出了问题:人,究竟应该怎样度过一生?应该赋予有限的人生怎样的意义?为什么而活?重要的到底是什么?什么才有用?

人世中,财富、权力、地位似乎特别有用,但越多的财富、越大的权力、越高的地位往往也带来越多的痛苦。电影《公民凯恩》就说明了这样的道理。影片的主人公凯恩是报业巨子,被人称作"美国的忽必烈"。他通过一生的奋斗,享受着成功和富足的人生。在他豪华的宫殿里,汇集了世界上最精美的藏品。他周围的人，都被他出于自己的目的，当作了达成他野心的工具。但是，晚年的凯恩却形影相吊，在他生命的尽头，空荡的别墅大厅里只有虚无的镜像陪伴着他。在临死的时候，他喃喃地吐出一个词"玫瑰花蕾"。一位记者试图破解这最后一声呻吟的秘密，却没有成功。其实，"玫瑰花蕾"只是凯恩小时候玩的一架雪橇的名字，那是他天真、欢乐的童年记忆。影片中作为象征义的"玫瑰花蕾"，让凯恩的一生在每个人的心灵舞台上复活：原来，每个人都那么容易苍老、疲惫，为生活奋斗挣扎了那么一大圈，为太多"有用"的东西穷尽一生，等到繁华落尽，也没得到比童年记忆更美好的东西，真是一场人生大梦而已——这让我们看到了"有用"的吊诡。这部电影因此也被评价为："是一部对生活高度凝炼、对人性和社会的深刻理解以及对心理世界的理性体验的影片……是一部纯粹的'电影的诗'！"（魏楚豫，2003）

很明显，在人的一生中，很多东西都是匆匆而来，又匆匆地一闪而过，财富、权力、地位等很多貌似"有用"的东西总会失去光彩。在人性的深处，诸如亲情、友情、爱情、理想、精神的协调、内心的宁静等很多看似"无用"的东西最终总会浮出水面，占据首位。这就好像在现实当中，一个人生活所需的空间高度通常在3米高。也就是说，一般住房只要3米左右的层高，就能够满足人基本的居住需求。但是，有很多诸如博物馆、酒店、教堂等建筑，它们的层高都在3米以上，有的高达几十米。这种高度往往让人觉得深邃、辽阔，甚至有历史感，这让人心里得到不一样的感受，就像教堂的尖顶，让祈祷的人得到心灵的抚慰。它所包含的是一种心理的满足，是一种心灵的抚慰。它不是功能性的，虽然看起来是没什么用，但是，它的价值经常就体现在没用的意义上。正如巴尔扎克所说，心中没有诗意，生活只会变成凄凉的现实。这些看起来没用的东西，恰恰是我们心中的诗意。有了它们，我们才可以在生活中挣扎着、操劳着，也幸福着，不至于人生真的只是一场混乱的春秋大梦。

浮生若梦，是生命的一个简单事实。正因为浮生若梦，使得生命——唯一的和不可重复的生命——变得至关重要。我们生命的全部任务和使命，都只不过是走在路上。正是对浮生若梦的理解，使生命变成一件对每个人来说都是十分严肃和值得深思的事情，也正因为有浮生若梦的意识，生命才变得神秘和令人敬畏，变成一种我们应为之奋斗、为之努力、为之思索的宝贵的奇迹。因而，人的生命是有限度的，在生命的过程中，越早地接受"浮生若梦"的事实，也就可以越早开始真正的生活，赋予人生以"诗意"，并且让人生在平静、柔和中真正地快乐、富足。

## 好的人，好的社会

"好"泛指一切美好的事物。所有的历史及所有的经验都指出这样的事实——人与社会向"好"而生。社会是人的集合，对于一个人来说，社会是他生存的环境，对他的生存与发展都存在着很大的影响，而社会的发展，又有赖于个人的努力。也就是说，社会的发展直接影响着人的发展，人的发展也决定着社会的发展。因此，唯有好的人才能成全好的社会，好的社会更有助于造就好的人，两者息息相关。

一个好的社会，必定是能赋予民众安定与和谐的。比如，在一个人口流动不频繁的社会，许多人——很可能是大多数人——未必觊觎显赫的权势、巨大的财富甚至盛名。绝大多数人的生活圈子是有限的，他们在某一小圈子如家庭、村落、街区中的地位和声誉，都可以给他们带来相当的满足感，一种在相对物质基础上的"其乐融融"境界。这就像司马迁描绘的"人民乐业"，是"因其欲然，能不扰乱，故百姓遂安"，且有"自年六七十翁亦未尝至市井"。若减少对百姓生活的引导和干预，因其欲而不扰乱，使人人安于本业，"各亲其亲"，社会也会更趋安定，民众也能安定祥和。

一个好的社会，必定是能够赋予民众幸福与尊严的。改革开放以来，我国综合国力快速发展，经济腾飞，在这样的背景下，国家注重切实解决好民生问题，千方百计创造更多的就业机会，持续提高城乡居民的收入水平，让每个劳动者都各尽所能、各得其所。同时，加快完善社会保障体系，使人民群众老有所养、病有所医、住有所居，努力解除他们的后顾之忧，并且大力发展教育事业，促进教育公平，提高教育质量，让每个孩子都能上学、上好学。让每个公民都享有宪法和法律赋予的权利，法律面前人人平等。整个社会的全面发展必须以个人的发展为前提，要为人的全面发展创造有利的条件，让人们的聪明才智得以发展。

一个好的社会也必定是能够赋予民众教养的。丹麦禁止养鸟，但丹麦的鸟食市场却非常兴旺。人们买了鸟食，悬挂在自己的庭院里，专供自然界的鸟群食用。庄子说过"族与五类同"，丹麦人对与自然万物达成融洽相处的追求，很有一点儿庄子的境界。在丹麦，无论是在保留着有轨电车的大路上，还是在鹅卵石铺的小巷里；无论是在遮天蔽日的树林里，还是在天鹅徜徉的湖水边，迎面遇到的清洁工人、商店的货运员、遛狗的女人、跑得气喘吁吁的老人，几乎所有的人都会挥起手，向你道声"早上好"。每次横穿马路，停在人行道边等候已经驶近的汽车走过，司机一见有人要过马路，就会立刻停下来，做出很客气的手势，请你先过马路。这并不只是对外国人的礼貌，而是立法规定：机动车辆必须礼让行人。同时，丹麦人喜欢"管闲事"。在公共场所，你的车子没有准确地停进划定的位置，或者你停车后没有及时熄火，路上走过的任意一个人都有可能走过来，请你把车子按规矩停好，或是请你让车子停止排气。你在钓鱼，一些毫不相干的人会走过来看你，如果你钓上的鱼不符合法律规定的标准，他们就会要求你把这些鱼放回到水里去，并且会在旁边监督，直到你完全满足了他们的要求，才道一声谢，继续走他们的路。如果你家的房子油漆好久没刷了，屋顶上的草发黄了，邻居就会来敲你的门，提醒你该修房子了，问你需不需要帮忙。总之，这是一个有教养的国度，这种教养的直接表现就是对生活无微不至的珍视，而这种珍视恰恰造就了一个社会的富有与和谐。

王安石说"看似寻常最奇崛，成如容易却艰辛"。要成全一个好的社会，使之安定、和谐、幸福，有尊严、有教养，看似简单，其实艰难。但是，唯有这样的追求，社会中的人才会越发自觉地要求自己平静、朴素、从容、慈爱、悲悯，从而真正地走向自然与放松，既成全"好的人"，也成全"好的社会"，这是人与社会的共同所向。

## 第三节　生态智慧

### 一种哲学

　　哲学在本源的意义上就是"爱智慧"①。这表明哲学首先是一种智慧，即对世界与人生的博大和圆融的理解，关涉着个人的生命存在和人类的整体命运。更重要的是，哲学是对智慧的热爱、倾慕和追求。"爱智慧"不仅是理解哲学及其事业的关键，而且也决定了哲学家所具有的品格以及一般人学习研究哲学所应具备的素养。智慧是什么？不是知识，不是结论，不是技能，而是对人生、世界、宇宙的自觉、反省、质疑、批判、拷问、追本溯源、刨根问底等的状态。作为教育生态理论研究与实践的主要策略、方法，生态智慧②具有教育哲学的意义。这一节着重回答哲学的基本特点，阐释哲学的现实意义，并枚举具有代表性的哲学智慧，以图从哲学的视角展开对生态智慧的认识，并习得与生态智慧相关的基本素养。

---

　　为什么哲学的本义不是"智慧"或"有智慧"而是"爱智慧"呢？因为"智慧"不是"小聪明"，也不是一般所说的"明智"，它揭示着宇宙自然最深邃、最根本的奥秘，标志着一个至

---

　　① 哲学这个概念源于希腊语"philosophia"，由"philos"和"sophia"组合而成，意为"爱智慧"。
　　② 奈斯说，今天，人类需要的是一种十分宽广的生态思维，他称之为"生态智慧"（ecosophy）。"sophy"来自希腊词汇"sophia"，即"智慧"，它与伦理、准则、规则和实践有关。因此，生态智慧，即深层生态学，意味着实现从科学向智慧的转换。

高无上、永恒无限的理想境界。所以柏拉图才会说，智慧这个词太大了，它只适合神而不适合人，我们人只能爱智慧。由此可见，真正意义上的智慧与通常所说的知识是不同的：知识是我们认识世界、改造世界的工具和手段。它们通常都具有功利性或实用性，而人追求和热爱智慧却没有别的目的，只是为了智慧本身。正如亚里士多德所说，虽然一切科学都比哲学更有用，但是唯有哲学是真正自由的学问。

哲学的这种原初的意思反映出了哲学的特殊精神，即哲学代表的是一种追求的过程，而这个过程的特色就是一直保持心灵的开放，不停地质疑和询问，永远等待接受惊讶。这也表明了，爱智慧的本质，其实就是爱问题，这也是哲学的本质。也就是说，哲学回答并不能够解决现实的根本问题，它是突出了问题的本质，并帮助我们继续追问下去，使我们一次比一次问得更清晰，使我们能够与追问永久共存。

既然哲学是一种追求过程，那么又是什么影响了我们去追求它呢？

其一，胸怀赤子的惊异之心。柏拉图曾经说过，哲学根源于惊异。当人们的眼睛看到日月星辰，就会驱使人们去探索宇宙的秘密，并由此产生哲学。亚里士多德也说："由于惊异，人们不仅现在，而且一开始的时候，就去进行哲理推究：他们最初对于那些明显的难事感到惊异，然后一步一步地说明那些较大的难事——诸如有关日、月、星辰的现象，以及宇宙的创造。"（雅斯贝尔斯，1988）惊异不是像好奇一样为事物的表面所吸引，而是为事物存在的神秘所激发。惊异往往来自未泯的童心，在他们天真的问题中，蕴含着最初的哲思。他们会问，"为什么太阳还会重新升起来？""我是从哪里来的？""死去的小狗真的到了另外一个世界？"。罗素五岁时去海边玩，曾问她的姑姑，礁石上的贝类会不会思考。《宋史·陆九渊传》记载："陆九渊，字子静。生三四岁，问其父天地何所穷际，父笑而不答。遂深思，至忘寝食。"

普通成年人，面对生活的艰辛、家庭生活的琐碎、专业分工的细化、权威专家的唠叨、层出不穷的诱惑等，谁还能长久地保持对世界的惊异之心呢？务实的态度、功利的考虑、理智的谋划、无穷的算计等使得对知识的追求都偏离了真正地对智慧的爱。只有在惊异中，人们才能摆脱实际的束缚，才能有哲学的领悟和思考。海德格尔曾说过，惊讶就是一种倾向，在此倾向中并且为了这种倾向，存在者之存在自行开启出来。（海德格尔，1996）

其二，怀疑不同的独断真理。我们如果对已有的知识不予怀疑，那如何获得新的突破呢？怀疑很多时候并不会带来直接的知识，但通过合理的怀疑，有助于我们厘清含混的观念，明晰不同的主张，就会质疑"独断真理"的合法性问题，进一步反思确定性问题。我们可以对希腊怀疑主义[①]的流派有很多批判，但怀疑主义也留给后人重要的问题：如何面对现象与判断的对立？如何面对相反的主张？理论是否有助于人们获得心灵的宁静？如何寻获确定性？西方近代理性主义之父笛卡尔，就是为了寻找知识更

---

① 希腊后期哲学贯穿着独断论和怀疑论的两种对立倾向。独断论者声称自己发现了真理，而怀疑论者则对真理持有怀疑态度。怀疑派认为，真正的怀疑应该是不断地探究，不应该终结于一个肯定的或否定的结论。这种彻底怀疑态度的代表者是皮浪，皮浪认为理性也好，感觉也好，都不能提供真实的知识。因此，人对一切事物最好都采取怀疑的态度，保持沉默，不要轻易下断语。

可靠的基础，提出普遍怀疑的方法，最后在著名的"我思故我在"① 中达到他的确定性。尽管人们对最后的结论有不同的意见，但笛卡尔的深入怀疑毕竟为近代哲学的发展确立了新的方向。

其三，谛听存在的缥缈之音。在一次与一位统治者进行对话的时候，毕达哥拉斯说自己不过是一个爱智慧的人，这位统治者对"爱智慧"这个词非常不解，然后哲学家就给出了著名的比喻。他认为生活就像参加奥林匹亚②的运动会，参加的人可以分为三类：第一类是来参加比赛的，以获取桂冠为目的；第二类是来做买卖的，以赚钱为目的；第三类是单纯的观看者，以获取好的心情为目的。在生活中，哲学家就像是第三类人，他们用自己的时间来观察宇宙、追求智慧。这个奇妙的宇宙是由各种天体按照一定比例组成的，浩瀚的宇宙有亿万颗星星在缓慢、庄严地运行，它怎能不会传送出宏伟、肃穆、安详的声音呢？沉思宇宙，是多么幸福。当我们倾听宇宙存在的声音时，名利与成败还有什么意义呢？

在某种意义上，苏格拉底所说的要听从内心神灵的声音，其实也是在告诫大家要有谛听的态度。在谛听中，对生命有了更深的反思，领悟了更多的神秘和诗意。在谛听中，会去更多地关注人的丑陋与无知、社会的不公与困境，把人从一种自以为义的倦怠中唤醒过来。如海德格尔在其转型后的思想中，就强调为了人更诗意地栖居。"人诗意地栖居"，是德国古典诗人荷尔德林的诗

① 本义是："当我怀疑一切事物的存在时，我却不用怀疑我本身的思想，因为此时我唯一可以确定的事就是我自己思想的存在。"
② 奥林匹亚是古代希腊的一座城池。

句，哲学家海德格尔借诠释他的诗来解读存在主义，又以存在的维度解读诗，这是海德格尔艺术哲学与众不同的地方。显而易见，海德格尔的这一个"存在"，不是物质的"存在"。"为神建造一个家"，在他的语境里，无疑是追求"精神"上的"存在"。他借以诗的多维语言去诠释隐藏在万物深处的神性，去揭开这一"存在之真"的神秘面纱，以达到他自己所信仰着的"此在"的彼岸。在他的论著中，他反复强调"筑居"与"栖居"的不同。"筑居"只不过是人为了生存于世而碌碌奔忙操劳，"栖居"是以神性的尺度规范自身，以神性的光芒映射精神的永恒，要听命于存在的邀请，期待存在的召唤。

其四，坚守哲学的激情与迷狂。哲学家代表着一种对智慧的激情与迷狂。苏格拉底在进行哲学的沉思时，会忘记吃饭，忘记睡觉，忘记自己身处何方。主张用"铁锤"进行思考的尼采，在其早期著作《悲剧的诞生》① 中，提倡一种悲剧的人生，在醉的境界中与生命整体结合，他把酒神②沉醉看作最高的人生境界。在酒神精神的引导下，一个人应该有"坚硬的骨头"和"轻捷的足"，合歌者、武士和自由精神于一体（田海平，2000）。

当代美国政治哲学家施特劳斯认为，哲学与宗教有很大的不同，哲学就其本性具有"癫狂性"，这是因为哲学作为追求智慧的纯粹知性活动，必须要求绝对的自由，不受任何道德习俗的制约，不受任何法律宗教的控制。不过施特劳斯（2003）也特别强

————————

① 《悲剧的诞生》一书的最独特之处是对古希腊酒神现象的极端重视。这种现象基本上靠民间口头秘传，缺乏文字资料，一向为正宗的古典学术所不屑。尼采却立足于这种不能登大雅之堂的现象，把它视为理解高雅的希腊悲剧、希腊艺术、希腊精神的钥匙，甚至从中提升出了一种哲学。

② 狄奥尼索斯（Dionysus）是古代希腊色雷斯人信奉的葡萄酒之神。

调：“哲人之思想的美德在于某种癫狂（mania），但哲人之公共言说的美德则在于温良（sophrosyne）。哲学本身是超政治、超宗教、超道德的，但政治社会却永远是而且应该是道德的、宗教的。”

追求哲学固然要能够有惊异之心，有怀疑，能谛听，有激情迷狂，但不能走火入魔，重要的是要回到生活，返回常识。爱因斯坦曾经说过，专家只是训练有素的狗。这句话的用意并不在骂人，而是提醒我们，爱智慧并不是要你只是做一个哲学专家，而是要透过自己的生命进一步体验到智慧。离开哲学的人生是盲目的，哲学脱离人生是空洞的，哲学最终讨论的是生命，是活着意味着什么，是如何生活得更好。

## 哲学——有用还是无用

马克思曾经讲过一个关于哲学家和船夫的故事。

哲学家与船夫正在船上进行一场对话。

“你懂哲学吗？”

“不懂。”

“那你至少失去了一半生命。”

“你懂数学吗？”

“不懂。”

“那你失去了百分之八十的生命。”

突然，一个巨浪把船打翻了，哲学家和船夫都掉到了水里。

看着哲学家在水中拼命挣扎，船夫问哲学家：“你会游泳吗？”

“不……会……”

"那你就失去了百分之百的生命。"

科学是实用的，能带给生活切实的变化。比如，飞机代替了汽车追求更快的速度，火药代替了冷兵器彰显出更强大的力量，人造制剂代替了生物药剂提升更高的效率。相对而言，哲学回答看起来并不能解决现实中的问题，就好比落水的哲学家一样，令人不得不心生怀疑：哲学对我们终究有什么用？

从理论上讲，哲学所探讨的对象不是经验的对象而是超验的对象，例如宇宙万物的本原、存在、实体或本体，包括人在内所有存在物的来源和归宿等。当然，哲学也有比较具体和现实的问题，如认识论、伦理学、历史哲学、社会政治哲学的问题，不过由于这些问题都属于最基本的问题，因而同样没有确定的答案。（张志伟，2009）实际上，科学是人类认识世界、改造世界的工具和手段，科学不能决定自己的目标或发展方向。哲学不能成为直接改造世界的工具和手段，哲学存在的地位和意义在于担负起为人类文明树立目标及发展方向的重任。因此，在实际生活中，把科学当成船夫，追求生存的技能，暗暗嘲笑哲学家，就好像女仆嘲笑泰勒斯①。据柏拉图记载，有一次，泰勒斯因仰望天空探究宇宙的奥妙而掉进了脚下的土坑里，受到了他的女仆的嘲笑，哲学家只知道获得天上事物的知识，而看不见地上足边的事物。言外之意是在批评哲学家对实际事物的无知，而且这等嘲笑可加于所有的哲学家身上，仿佛他们只知道看天而看不见大地一样。

哲学在现实中确有其软弱无用的一面，比如苏格拉底的死

_____

① 泰勒斯（Thales），古希腊时期的思想家、科学家、哲学家。

亡。公元前399年，苏格拉底被人控告有罪，罪名主要是不敬城邦所敬的诸神而引进了新神，并带坏了青年，结果他被判刑。朋友们打算营救他逃离雅典，但他拒绝了，他认为自己必须遵守雅典的法律，因为他和国家之间有神圣的契约，他不能违背。苏格拉底认为，虽然城邦的法律是不公正的，但是如果你违反了城邦的法律，你仍然必须服从惩罚。苏格拉底正是丝毫不差地这样做的，所以他十分自觉地接受了死刑，在临终前仍同朋友们讨论哲学问题，用自己的生命坚守了自己的信念。

还有，柏拉图的无奈。柏拉图是古希腊哲学史上的大哲学家之一，他开创了西方哲学史上研究政治哲学的先河。他的"德治"和"哲学王"的治国思想给后人留下许多美好的遐想。早期，他由于受到良好的家庭教育和环境熏陶，心中存有一腔报国之志，决意创建"理想国"。然而，现实的严酷却粉碎了他的理想之梦，他意识到要达到治理国家的理想目的，必须辅之以"法治"的帮助。而以"德"治国亦是他一生之中永远不愿放开的理想情结，故辅以"法治"时又把认识善的理念之"德"置于法律之上，这就充分表现了哲学家徘徊在理想与现实、理论与实践的无奈心境。

又如，孔子的碰壁。孔子说："学而优则仕。"所谓"学成文武艺，货与帝王家"。学识渊博的孔子是这么做的。不过，孔子的运气并不像他远大的理想那样好。他五十多岁才在鲁国做了个中都宰，后升为小司空、大司寇、摄相事，也不过三五年，便在无奈之中下台了。年过半百的孔夫子并没有停下来休息，而是抱定正心、修身、齐家、治国、平天下的信条，周游列国十四年，足迹遍及鲁国、卫国、曹国、宋国、郑国、陈国、蔡国、楚国等。尤其是到了楚国，当时的五个大国之一，楚昭王也想重用孔子，封他七百里的土地。孔子受此重用，正是他施展平生抱负的大好时机。不过，孔子的遭遇很令人感伤，他在楚国五次碰壁，注定了"学而优则仕"理论在自己身上的实践彻底失败。

再比如，老子的退隐。老子曾做过周的史官，后去周遂隐。当时，周正处于政通人和、敬贤礼士、慈老爱幼之时，这正是老子的理想世界。因而，这位德高望重的圣贤，便远离家乡赴周任职。至于老子的去周遂隐，在司马迁的《史记·老子韩非列传》中只是说，老子"居周久之，见周之衰，乃遂去"，并未详述。

与科学相比，哲学的确不具有确定性、普适性和有用性，然而这一切并不妨碍它是文明的灵魂。"哲学之有助于文化，不在阐发绝对幽玄的知识，以求标新立异，逞艳斗奇，而在提示种种问题，令人可以了悟生命情绪，领受生命奇趣，观感生命之戏剧的景象。"（方东美，2009）这种说法对于哲学的功能阐释可谓鞭辟入里。

"无用之用，乃为大用"。从人类不息的精神追求中，愈加显现出哲学对生命真谛的追求和憧憬。

首先，哲学代表着一种反思、批判和超越的精神。黑格尔有个著名的比喻，说哲学就像智慧女神密涅瓦的猫头鹰，在夜幕降临的时候才悄然起飞。黑格尔旨在说明，哲学是一种反思的活动，是一种沉思的理性。这里的反思既是一种再思、重复思考，也是一种对思维本身的思索，达到思维形式和内容的统一。

哲学的反思包含着批判和超越的精神品格。批判不是简单地否定对方，而是对日常生活进行反思。正如霍克海默尔所谈到的，哲学坚持认为，人的行动和目的不应当是盲目性的产物，不论是科学的观念，还是社会生活方式，不论是占统治地位的思想方式，还是占统治地位的道德习俗，都不应当根据习惯，不加批判地接受。哲学反对在生活的决定性问题上采取单纯的传统态度与顺从态度。批判就要以怀疑的精神来审视和评判现存的事物和观念，不断追问事物和观念的深层根据。

对思想前提的批判，往往能引发思想的"地震"，开一代风气之先，为进一步的创新和发展提供巨大的空间。正如马克思强调辩证法一样，他认为在对现存事物的肯定的理解中同时包含对现存事物的否定理解，即对现存事物的必然灭亡的理解。辩证法对每一种既定的形式的认证过程都是在运动状态下完成的，因而有时我们也是从它的暂时性方面去理解的；辩证法按其本质来说，它是批判和革命的。

英国哲学家柏林曾讲过一位牛津哲学教授的逸事，那位教授第一次上课时，跟他的学生这样说："先生们，你们大家将来会从事不同的职业——有些人要当律师，有些人要从军，有些人要当医生或工程师，有些人要当政府官员，有些人要做土地商或政治家。我要告诉你们，在我这门课中，我说的东西，对于你们要训练的技能，不管在哪方面都没有丝毫用处，但是有一点我可以向你们保证：如果你们从头到尾听完我这个课，你们将总能看清人们什么时候在胡说八道。"（贾汉贝格鲁，2002）

这就是说，哲学可以帮助人们看到冠冕堂皇之词背后的本质，识别谬论，能大大增强人们的批判能力。

其次，对于人生，哲学其实是一种最深刻的慰藉。可以说，哲学调整的是我们看世界和人生的总体眼光。哲学的反思、批判和超越，实际上就是以智慧慰藉人生的痛苦。这种痛苦有主观自找的，如名缰利锁，欲壑难填；有外界强加的，如天灾人祸，种种不公平的遭遇等。但是哲学可以帮助我们解脱：比如，塞内加参透人世无常，对命运做最坏的设想，因而对任何飞来横祸都能处变不惊；伊壁鸠鲁认为人生以追求快乐为目的，但是他对快乐有自己的理解：摒弃奢华，远离发号施令的上级，布衣简食；苏格拉底以通过理性思辨掌握真理的自信，直面占压倒性优势的俗世偏见，虽百死而不悔；叔本华极端悲观，放弃对此生的一切期待；尼采则用超人的意志和力量的绝对自信，帮助人在一切艰难险阻面前永不放弃。(德波顿，2009)[3]

这些哲学家的思想虽然相去甚远，却有一个共同点：用哲学的智慧慰藉人生的种种困顿，甚而悲苦。

哲学回答貌似不能解决现实中的问题，它们培育了问题，突出了问题的本质，并帮助我们继续追问下去，使我们一次比一次问得更好，使我们能够与追问永久性地和谐共存。这也是因为："如果人不是一种能够追问的动物，一种能够继续不断地对任何一种可想象的回答进行进一步追问的动物，人又能够是什么呢？"(萨瓦特尔，2007)[6] 因为哲学，人们对世界的本质有了更多的认识和把握，它让我们渐渐明了：我们在一生的境遇中能够或者应该怎么去做！

关于哲学的用处，当年泰勒斯也许早已发现。为了回应女仆的嘲笑，泰勒斯利用观察天象所获得的气象知识，得知来年橄榄必获丰收，于是低价垄断了这一地区的橄榄榨油机，待来年收获橄榄时高价出租榨油机，从中赚了一大笔钱。泰勒斯想表明的是，如果愿意的话，哲学家是很容易得到财富的，只不过他们有更高的志趣。两千年以后，黑格尔的评语则更不客气：只有那些永远躺在坑里从不仰望天空的人，才不会掉进坑里。

尽管现在人们的兴趣日益现实，但是健全人格的形成，幸福人生的达成，和谐社会的建构，民族的复兴，都离不开哲学的理论思维。因此，古希腊哲学家伊壁鸠鲁的话至今依然值得我们细细体味，他说过，一个人在年轻时不要放松对哲学的研究，也不要到老年时厌倦研究。对于灵魂的健全而言，任何年龄都不会太迟或太早。说研究哲学的时候尚未来到或者已经过去，就如同说幸福的时刻尚未来到或不再出现一样。

## 来自哲学的智慧

内格尔说："哲学的主要任务，就是质疑并澄清我们每个人日用不疑的极其普通的概念。"（萨瓦特尔，2007）[5] 历史学家可能会问自己在过去的某个时间经历了什么事，哲学家则会问："时间是什么？"数学家可能会研究数与数之间的关系，哲学家则会问："数是什么？"物理学家可能会问："原子是由什么构成的？"哲学家则会问："我们何以知道在我们的思维之外还存在着其他东西？"每个人都可以问自己在公车上没有给老人让座是否不好，哲学家则会问："何以评判一个行为是好的或是坏的？"哲学探讨的是世界的罪恶、人的死亡、宇宙的来源、自由的抉择、人的存在、美的真谛等重要而严肃的话题，而它的表现形式就是这样一再地回答一串串由现实引发的问题。所谓哲学的智慧，它的思想来源是切身的生活经验，包括日常的衣食住行，以及对自然、文学艺术的欣赏和评论，这些都是思考哲学问题的由头和线索——哲学的智慧就是由此使人看到了整个人生的全景和限度，因而能够站在整体的高度与一切个别灾难拉开距离，达成和解。哲学的作用也就在于此。

在一些哲学家的身上，我们不难发现这样的智慧。

比如古罗马时代著名斯多亚学派哲学家塞内加，他身在大富大贵之中，却提倡简朴的生活和内心的宁静，鄙弃财富，清醒地视富贵为身外之物。用他的话来说便是："我从来没有信任过命运女神。我把它赐予我的一切——金钱、官位、权势——都搁置在一个地方，可以让她随时拿回去而不干扰我。我同它们之间保持很宽的距离。这样，她只是把它们取走，而不是从我身上强行剥走。"不止于此，对于家庭、儿女、朋友乃至自己的身体他都是这样看待的。塞内加的看法是：人对有准备的、理解了的挫折承受力最强，反之受伤害最重。（德波顿，2009）[2] 他是这么说的，也是这么做的。当他官场失意，被流放到荒凉的科西嘉的时候，始终泰然自若，之后，暴君尼禄命他自杀，同伴们一片哭声，他竟然从容地问道："你们的哲学去了哪里？"

比如，法国文艺复兴后期 16 世纪人文主义思想家蒙田认为，一个人对于人性有了足够的了解，他看人包括看自己的眼光就会变得深刻又宽容。在这样的眼光下，一切隐私都可以还原成普遍的人性现象，一切个人经历都可以转化成心灵的财富。为此，他说："登上至高无上的御座，仍只能坐在屁股上。"（德波顿，

2009)[3] 在他的眼里，"屁股"恰恰是最正常的人性现象，完全应该以最正常的心态去面对。他赞美自由、静谧与闲暇，向往悠游恬适的生活，不过他的隐居生活不是消极的，而是积极的。他除了埋头做学问之外，还积极从事写作。他提出不要死记硬背、不要轻易服从权威、不要只学书本知识，要因材施教、要多练习，要培养儿童探索事物的好奇心及对学习的兴趣。

希腊先哲伊壁鸠鲁把快乐视为人生的最高价值。他的哲学核心思想是主张真正的快乐对于物质的依赖十分有限，无非是食、住、衣的基本条件。他指出，超出了一定限度，财富的增加便不再能使快乐增加了。快乐更多地依赖于精神而非物质，沉湎于物质的快乐而不知精神快乐为何物的人，他们的空虚就是明证。因此，他说："富甲天下解决不了灵魂的不安，也产生不出特别的快乐。"（德波顿，2009)[69] 他把朋友、自由、思想、食物、避风雨处、衣服视为快乐自然而必要的要素，把广宅、私人浴室、宴饮、仆役、鱼、肉视为快乐自然但不必要的要素，而名望和权势则是快乐既不自然也不必要的要素——他的这些思想，在高度物质化的今天显得格外的有意义。

悲观主义者叔本华有自己一整套统一、完备的世界观。他认为，"意欲"是"自在之物"，是我们人乃至世界其他一切事物的核心；我们所看到的大自然的有形物质（包括人、动物、植物、有机体）都是基本的生命力、自然力的载体，也是意欲的载体；丰富多样的现象世界是意欲在各个级别客体化的结果。叔本华把所有讨论的事物都放在深邃、宽阔的远景之中，透过现象的审视，使得事物的本质以及与其他事物之间的关系一目了然。他讨论、阅读、思考语言、文学、历史、艺术、大自然的美等，叔本华（2009b）[20,84] 说："坏的东西无论如何少读也嫌太多，而好的作品无论怎样多读也嫌太少"，"真理在赤裸的时候是最美的；表达真理的方式越简朴，所造成的印象就越深刻"。其独特的哲学思考耐人寻味。

正是哲学的智慧，才使得这些哲学家们闪耀着哲思的光芒，让人折服，并永远地启迪我们。如果没有哲学为我们提供更为广阔的视角，那么我们看到的将永远只是事物表面现象之间最直接、最狭隘的关系，而无法深入解释哪怕是最简单的事情。那样，我们的人生终将过得隐晦不明、匆匆即逝、如梦如幻！

## 中国古代的生态智慧

所谓"生态智慧"，是指在复杂多样的生态关系下，健康生存和发展的主体具有的生存实践的价值。中国传统文化儒、道、佛三家都蕴含着深刻的生态智慧。中国儒家生态智慧的核心是德性，主张"天人合一"，肯定人与自然界的统一；中国道家的生态智慧是一种自然主义的空灵智慧，通过敬畏万物来完善自我；中国佛教生态智慧的核心是在爱护万物中寻求解脱，它启发人们通过参悟万物的本真来完成认知，提升生命。由此可见，中国传统文化堪称一种人文生态学，深深地关切人的精神生活的生态平衡、自足、快乐，关切人自身、人与人、人与自然的整体和谐，这是中国传统文化最大的特色，是中国古代生态智慧的基本内涵，也是教育生态理论的研究与实践的思想来源。

第一，天人合一。

儒家文化是中国传统文化的主干，它的生态智慧的核心是德性，其主张的"天人合一"，肯定了人与自然界的统一。

"天人合一"首先强调天人和谐。儒家认为宇宙万物是矛盾变化的统一体，只有把相异的或者对立的方面按其内部的规律统一起来，相反相成，相辅而行，融合涵化，才能推动新事物的产生和发展。因此，"和"乃天道，"和"是天、地、人关系的协调与统一，是人、自然、社会的相辅相生、相互依存；同时，"和"还是多样的统一性，是在承认事物差异的基础上，互相聚合、靠拢。儒家文化自觉地将人的存在和自然环境结合在一起，认为人对天地万物负有道德责任。所以，它不把人置于自然的对立面，而是注重二者的和谐。儒家的创始人孔子认为人类生活的乐趣在于自然，实现人类与自然界的和谐应该成为生活的目标。孟子认为，人类的一切生活资源都源于自然，人类是依靠自然界所提供的资源生活的。荀子则希望达到"万物皆得其宜，六畜皆得其长，群生皆得其命"（《荀子·王制》）的和谐状态。可见，儒家讲究的是真正的天与人的和谐。

"天人合一"也强调敬畏生命。孔子提倡"畏天命"，即敬畏自然规律，并把它列为君子"三畏"之首。在孔子看来，自然界是第一的，因此他心存敬畏，这也体现了孔子的生态伦理意识。孟子指出"顺天者存，逆天者亡"（《孟子·离娄上》），他认识到自然界有其自身的规律，不止一次地引用《尚书》中的"天作孽，犹可违；自作孽，不可活"（《孟子·公孙丑上》）这句话来说明。他认为，只要按照自然规律行事，自然界就会为人类提供取之不尽的资源。荀子认为"天有其时，地有其财，人有其治"（《荀子·天论》），主张天人各有其责，人必须遵从自然规律，但也可以掌握自然规律使天地万物为人类发挥好的作用，以实现人与自然的共生共存，和谐共处。

"天人合一"还强调节制欲望。孔子主张生活俭朴、节用资源，讲究内在的道德修养和君子人格，不追求外在的奢侈与气派。他认为"君子食无求饱，居无求安，敏于事而慎于言，就有道而正焉，可谓好学也已"（《论语》）。《礼记·祭义》中记载，曾子曰："树木以时伐焉，禽兽以时杀焉。"夫子曰："断一树，杀一兽，不以其时，非孝也。"在孔子和曾子看来，树木要依照时节砍伐，禽兽要依照时节宰杀，乱砍滥伐乱捕杀，就是不孝。

总之，儒家通过肯定天地万物的内在价值，主张以仁爱之心对待自然，讲究天道人伦化和人伦天道化，将伦理原则扩展向自然，体现了以人为本的价值取向和人文精神，反映了一种对宽容和谐的理想社会的追求，成为整个中国哲学与文化的重要传统。

第二，道法自然。

"自然"这个名词，佛家称它为"法尔如是"，是宇宙之本源，是无假运用，无假作为，无一法可增，无一法可减。道之性本自然。道生男女，而男女有人伦自然之妙。道生万物，而万物有自然群分之妙。道生五行，五行有曲直从革自然之妙。月有自然之明，日有自然之照。大道运化天地万物，无不是遵行自然法则，无不是得自然本源之功，又无不是返归于本根。故曰"道法自然"。

中国道家的生态智慧是一种自然主义的空灵智慧，通过敬畏万物来完善自我生命。老子说："人法地，地法天，天法道，道法自然。"（《老子》）"道法自然"表明道家强调人要以尊重自然规律为最高准则，以崇尚自然效法天地作为人生行为的基本皈依，强调人必须顺应自然，达到"天地与我并生，而万物与我为一"（《庄子·齐物论》）的境界。这种追求超越物欲、肯定物我之间同体相合的生态哲学，在中国传统文化中具有不可替代的作用，也与现代环境友好意识以及现代生态伦理学相合。

　　具体而言，道家的生态智慧主要体现在万物一齐和顺应自然两个方面。

　　首先是万物一齐。"万物一齐"是《庄子·齐物论》的核心观念。"齐"具有消解差别而平等之义。庄子通过消解人的是非观念、万物的狭隘用途和物我的存在界限，展现其和天地合一、与万物同体的逍遥境界。庄子从人与大自然的生命情感出发，把自己作为大自然里与其他生物在价值上、生命意义上相互平等的一员，以此实现超越。他在《齐物论》中提出"万物一齐"的平等观，说明人与万物是平等的，人要平等地对待万物，自然界的万物都有其存在的权利和价值。《齐物论》虽然只是《庄子》书中的一篇，但是齐物的思想是贯穿《庄子》全书的。庄子明确地意识到，人不能从自身的需要、利益和是非出发对待万物，更不能把自然界的万物分出贵贱与高下，也就是说，不能从万物是否对自己"有用"做出评价。人类之所以这样做，完全是由自己的"成心"造成的。"成心"是造成人与人、人与万物不能平等相处的重要根源，"成心"就是每个人的主观成见或一群人的世俗之见，是在我与他者的对立中形成的。物各有其材，物各有其用，物各有其生存权利，只有站在道的立场上才能以平等的眼光、同情的态度对待万物，而要站在道的立场上，就要提高人的精神境界、心灵境界，与道合一，成为体道的人，并以道的境界、自然的境界对待万物。"体道"之人才有真性情，其心是"真心"，对万物有同情，能以平等的眼光对待。

"成心"大致可分为三类：认知心、嗜欲心与喜怒哀乐之心以及道德心（仁义心），这三类"成心"都是心灵的"桎梏"。为了达到道的境界、自然的境界，实现心灵的自由，就必须"解其桎梏"（《庄子·德充符》）。解除了"桎梏"，心灵、精神得到了解放，自由境界也就能够实现了。比如"庄周梦蝶"。有一天庄子做了个怪梦。在梦中，庄子变成了一只漂亮的蝴蝶。它一会儿飞东，一会儿飞西，在草丛花枝间翩翩起舞。要说快乐呀，那真是快乐极了！庄子所变成的这只蝴蝶，只是一个劲儿地飞来飞去，完全忘了自己是庄子。蝴蝶玩得正起劲儿，庄子忽然醒了。他一看自己还躺在床上，才明白原来自己不是那只蝴蝶，自己是人，是庄子。可是庄子忽而又感觉到这未必对：自己或许本来就是一只蝴蝶！是做梦，在梦中才变成庄子的！接而又想，这恐怕是错了：自己明明是庄子，刚刚肯定是在做梦！就这样，庄子一会儿这样想，一会儿那样想，想来想去，总是搞不清自己究竟是庄子还是蝴蝶。比如"鱼之乐"。庄子和惠子在濠水岸边散步。庄子随口说道："你看河里那些鱼舒鳍摆尾轻松遨游，那是鱼的快乐。"惠子说："你不是鱼，怎么知道鱼是快乐的呢?"庄子道："你不是我，怎么知道我不知道鱼的快乐?"惠子道："我不是你，本来就不知道你；你也不是鱼，本来也不知道鱼。"庄子道："请你回到谈话的主题。你问我'怎么知道鱼是快乐的?'，你这么问，说明你已经承认我知道鱼的快乐，所以才会问我是怎么知道的。可见，你再说我不知道鱼的快乐，就违反了你的逻辑。告诉你，我是在濠水岸边，知道鱼是快乐的。"这就是实现自由境界之后的"天乐""至乐"。自由境界就是道的境界，道德境界就是天人合一的境界，在这里心与道是合一的。

"天下莫大于秋毫之末，而太山为小；莫寿于殇子，而彭祖为夭。天地与我并生，而万物与我为一。"（《庄子·齐物论》）夭折的小孩，与朝生暮死的东西比，也算得上老寿星了；彭祖①虽然活了几百年，跟天地的无始无终比，还不是"英年早逝"吗？庄子干脆一笔勾销了这些大小寿夭之别，宣称"我"与"天地万物"合一了。这个"一"是一种"无差别境界"，人处其中可以逍遥自在。庄子哲学中的平等观，实际上是以自然之道的视域打破主客、内外的界限，消解人的主体性和优越性，提高人与万物"一体"的心灵境界，在整个宇宙自然界之中实现了真心、真情、生命关怀的客观普遍性，最终实现心灵的自由，也即"逍遥"。人本无特异之处，与天地万物俱为道之所生，因此理应齐同万物，去人我、物我之界，不谴是非，死生任化，理解命与故，安时而处顺，乃能臻于绝对"逍遥"自在的境界，"天地与我并生，而万物与我为一"。

然后是顺应自然。老子的人生智慧很高明，他讲宇宙、人生变化的规律，主张按规律处事。老子以"回归自然"为其哲学的根本宗旨，他首先提出"自然"这一重要范畴，讨论了人与自然界的关系问题，提出"道法自然""人法自然"的观点。在老子

---

① 彭祖，传以长寿见称。原系先秦传说中的仙人，养生家，后道教奉为仙真。

那里，自然与人的生命存在是不能分开的，人即在自然中存在，人是自然的一部分。人在自然中存在，就如同天地万物在自然中存在一样，是无法改变的。"道法自然"归根结底就是"人法自然"。自然是整体性的概念，它代表了宇宙自然界及其生成、养育、化育万物的秩序。自然就是宇宙自然界的代名词，人的生命活动只是其中一部分。总而言之，"自然"对人而言就是根源性的，同时又是目的性的。根源性即是说自然是人的最原始最本真的存在状态，目的性是说自然又是人的生命活动的最终归宿，即所谓"归根复命"①。按照老子所说，自然界的万物，包括人的生命，都是自然造化的结果，都是自然而然地生成的，并无主宰者。这是"道法自然"的基本含义。

老子认为，"天之道，损有余而补不足。人之道，则不然，损不足以奉有余"（《老子》）。天道即自然之道是公平的，是保持生态平衡的。人则不然，人要不断满足自己的各种欲望，因而破坏了生态平衡，这是人的"异化"。因此，他提倡"无欲"，以减少对自然的破坏，维持人与自然的生态平衡。"含德之厚，比于赤子。毒虫不螫，猛兽不据，攫鸟不搏。"（《老子》）赤子没有欲望，素朴纯真，所以比喻含德之人。这样的人，尊重自然，不去主动伤害自然界的万物，因此不会受到毒蛇猛兽的伤害，而能与之和谐相处。怎样才能做到"含德之厚"？这就需要限制欲望，提高修养。这种生态智慧，渗透了人文精神。因此，老子的"回归自然"，并不是纯粹的自然主义，而是人文与自然的统一

---

① 老子认为万物纷繁众多，需要各自回归根本。回归根本叫作"静"，静叫作"复命"，复命叫作"常"，认识把握"常"叫作"明"。不认识把握"常"，就会轻举妄动干出凶险之事。

（蒙培元，2008）[37]。

归根结底，无论是"万物一齐"还是"顺应自然"，在本质上都反映了道家哲学的核心是生命观念，它倡导生命本位，强调自然关怀，强调生命与自然之间本然的、天然的联系。它将生命的本源、生命的存在和生命的归宿都归结为自然，体现了将生命与自然自始至终都连为一体的思想特征。这一生命观念蕴含着丰富的生态智慧，这在今天这样一个生命异化严重、生态危机四起的时代具有重要的价值。

第三，众生平等。

佛家生态观的核心是"众生平等"，它认为万物是佛性的统一，万物皆有生存的权利。《涅槃经》中说："一切众生悉有佛性，如来常住无有变异。"认为一切生命既是其自身，又包含他物，善待他物即是善待自身。佛教正是从善待万物的立场出发，把"勿杀生"奉为"五戒"之首，这种在人与自然的关系上表现出的慈悲为怀的生态伦理精神，客观上为人们提供了通过利他主义来实现自身价值的通道。

佛教"众生平等"的宗教信仰有其积极的生态学意义，体现在个人的生活态度和生活实践中，即认为人与有情的动物都是众生，在生命的意义上是平等的。人与无情的植物以及山川河流等自然物，也要和谐相处，因为他们皆有"佛性"①。不仅要尊重人的价值，而且要尊重自然界的生命价值；不仅要爱人，而且要爱宇宙万物，对自然心存感恩之心和敬畏之情。正所谓"善有善报，恶有恶报"，意思为行善和作恶到头来都有果报。做好事终

① 佛教术语。佛指觉悟，性，意为不变。

究有好的回报，做坏事终究会有坏的报应。就是说因果报应，规劝人要做好事。人一旦做出不当的事，必然会受到惩罚。这种态度和实践不仅能保持生态平衡，而且能够体现人生的意义。人对自然界出于本性的关怀和爱护，提高了人在自然界的地位，实现了人与自然的和谐。人不再是控制、破坏自然的主宰者，而是保护自然的"使者"（蒙培元，2008）[35]。

"众生平等"集中体现了佛学博大的生态平等观，如果用现代语言来诠释佛学的平等观，即是说宇宙生态的基本因子是平等的。可见，佛教不是生态学，但蕴含着丰富的生态思想，具有独特的生态观，它有助于提升人们尊重大自然、敬畏生命的意识，从而防止人们随意破坏生态、伤及生命，同时也能增强大生态系统结构与功能的平衡性和稳定性，可以为解决当代生态危机提供精神资源。

第二章 教育：彰显生态智慧

教育与社会、文明、时代同步。社会、文明、时代的脉动从来不停歇，也从来不等候。教育必须始终以时代的价值共识为警醒和鞭策，清醒地跟进、自觉地变革、理性地匡正、切实地担当。区域教育生态理论研究与实践的最根本价值就是要将其思想、方法付诸教育教学的实践。具体而言，就是要将哲学精神和生态智慧深层地融贯、运用于教育教学的始终，生成一种具有哲学理性和生态意识的教育教学智慧。这一节讨论不经思考、缺乏智慧的教育对人的扼杀，讨论具有哲学精神、具有智慧的教育对人的成全，并讨论实施教育应有的最基本的哲学态度，这直接关乎教育的清醒和理智。

# 第一节 人是目的

只有当教育能培养完整的人时，它才能对我有所助益。

——舒马赫

## 教育非他，乃灵魂的转向

柏拉图认为，教育是灵魂的转向。可以通过两个人来解读这句箴言。

第一个是梁启超。梁启超担心儿子梁思成将来成了一个画匠而不是一个建筑师，于是就在给儿子的信中写道："思成你所学太专门了，我愿你趁毕业后一两年，分出点光阴多学些常识，尤其是文学或人文科学中之某部门……因为我们做学问的人，学业便占却全生活之主要部分。学业内容之充实扩大，与生命内容之充实扩大成正比。"（林洙，2011）[33] 在这样的言辞中，我们可以看见一个在文学、史学、哲学、佛学很多领域都很有造诣的思想家、政治家和学者的灼灼光芒。

然后是梁思成。梁思成和父亲梁启超一样，学贯古今、兼通中西。他说："建筑师的知识要广博，要有哲学家的头脑、社会学家的眼光、工程师的精确与实践、心理学家的敏感、文学家的洞察力……但最本质的是他应当是一个有文化修养的综合艺术家。这就是我要培养的建筑师。"（李辉，2000）对于梁思成，他的学生这样回忆："梁先生给我的教导，最主要的还不只是在业务上，而是对知识孜孜不倦的追求，对祖国和党的热爱和信赖，以及在逆境中，带点幽默感的泰然自若。"（林洙，2011）[187]

以上可见，梁思成显然得了梁启超的真传，而他的学生又受了他的感召。他们之间有一脉相承的衣钵。这就是灵魂的转向。其中，我们可以看见我们对于教育理想一直以来的理解和向往。

价值取向的选择直接影响着学校文化。一所学校中大部分教师的价值取向，可以折射出这所学校的文化。比如，现在的很多教师往往满足于专业知识，满足于可以经常变换更新的教学技术手段，追求一些物化、量化的指标。他们的价值取向是：我对绝对的"好"与"坏"一无所知，我所能做的就是抓住眼前的现实，这种现实就是体制和大众对我的认可。这样的价值取向暴露了学校文化在根本上的模糊与肤浅。这些教师身后的学校，也许有现代化的校园，校园里也许草木茂盛、布置精美、设施先进，也有各种各样的活动。但是，这些表面的繁荣，掩盖不住教育在这里被退守为一种实用主义态度，被窄化到知识贩卖，止步于知识传授，限制生命意义拓展的实质。

假设在一所学校里，大部分教师都形成了关注灵魂转向的价值取向，就像梁启超、梁思成那样，不断扩充专业的外围领域，兼有丰富的理性和感性，传递给学生智慧和信仰……，他们所汇聚成的就有可能在根本上加固和丰盈学校文化。这样的学校也许没有地理的优势，很少有物化的点缀，很少有热闹的景象，可是，表面质朴的文化，是掩盖不住教育在这里上升为理想活动，散发出令人激动的理想气息的激情的！这是一种教育理想。

教育理想的坚守可以淬成好的学校。理想与现实之间必定存在差距，这种差距会使理想看起来好像空想和不切实际，这会使我们感到气馁，甚至绝望。比如，现在我们即使有了清晰无比的关注灵魂转向的教育理想，但是，由于在实践过程中许多好的构想并没有机会付诸实施，或是许多具体的见解不能切入运作的政策，有些设想也许曾经有过小规模的尝试而且效果不错，但始终无法全面地推展，像这样的一些现象会导致许多教师，甚至学校，对教育理想渐渐失去兴趣，然后放弃。从此，他们就会认定这样的教育理想只不过是一个乌托邦。于是，他们感受到自己所接受的教育思想观念与自己实际的教育教学行为之间存在着十分显著的反差，并且也能辨识出在具体实际教育教学背后所持的价值观念和立场，他们更愿意回到工具理性和实用理性的价值取向上。

有人说："一个真正成熟的人，不会限于短期的效益，不会止步于暂时的失败，他的目标甚至指向子孙后代。"就像孔子，长沮、桀溺对他说："滔滔者天下皆是也，而谁以易之?"（《论语》）这句话的意思是说，于今世道到处都是一般糟，谁去理会它，改革它呢? 孔子回答说："天下有道，丘不与易也。"（《论语》）这句话的意思是说，如果世道不糟，我自然就用不着费力气去改革它了。孔子坚守这样的信念，毕生东奔西走，席不暇暖，他创立的思想绵延至今，影响了一个民族。

关注学生灵魂转向的教育理想是审慎地发展出来的，这种理想的出现是我们对于目前教育处境被动的反应。有意培育、传承学校文化的管理者，应该在现实和理想之间找寻到接榫的张力，为教师提供精神的福祉，持续不断地鼓励教师把关注灵魂转向坚固成毕生追求的理想和信念，直至形成一种弥漫整个校园的文化气息——这种气息就是好的学校的气息。

这种气息可以直触灵魂。一个人的青少年时代如果有幸在这样的文化中熏陶过、历练过，那么无论他走到哪里，都会驻足回望，深深怀想。这是什么样的专业化教育都无法比拟的，这就是人的教育——柏拉图箴言的真正指涉。

## 不是每朵花都有提前开放的理由

上帝给我一个任务，让我带一只蜗牛去散步。我不能走得太快，因为蜗牛爬得实在太慢。虽然它已经在尽力爬，但还是只挪一点点……我催它，我唬它，我责备它。蜗牛用抱歉的眼光看着我，仿佛说："人家已经尽了全力！"我拉它，我扯它，甚至狠狠地踢它。它受伤了，流着汗，喘着气，爬得比之前更慢了，后来，索性就卧在那里不愿前进了。筋疲力尽的我也只好望着它干瞪眼……

上帝啊！为什么？要我带一只蜗牛散步！但天上一片安静。喔！也许上帝抓蜗牛去了，根本不在！好吧！松手吧！反正上帝不管了，我还管什么！任蜗牛往前爬，我在后面生闷气……

咦？忽然闻到了花香，原来这边有个花园。我感到微风吹来，原来夜里的风这么温柔。我听到鸟叫，我听到了虫鸣，我看到满天的星斗多亮丽。咦？以前怎么没有这些体会……陶醉之余，无意向前一看，呀！蜗牛已爬出好远了。等我跑步赶上它时，它用一种胜利者的姿态来迎接我。未等我开口，它已经带着自信，奋力地向另一个"驿站"爬去了……我恍然大悟，原来是

蜗牛在带我散步！（张文亮，2010）

　　细细品味这则寓言故事，不正是对我们教育现状的影射与期望吗？在今天这样一个由"科技"和"效率"主宰的"快节奏"时代，更多的是"我"带蜗牛去散步时的那种心浮气躁、急功近利、拔苗助长的心态，却很少有人体会到"慢"也有其益人心智、怡人情性、改变气质、滋养人生的价值。教育是30%的启发和70%的等待。教育是一种慢的艺术。让孩子在宽容中多一些"自己爬行"的时间和空间，在"蜗牛"的视野中慢慢地寻觅沿途的花香虫鸣，去触摸风的奇妙感觉，去仰望满天亮丽的星斗。大自然的美丽风景需要用心去领略、用情去感悟，人生不是赶路，不需要天天心慌气短、胆战心惊地活着。人生应该是努力而轻松地度过，既享受当下、不着急拼命地往前赶，又要追逐有挑战性的目标。幸福应该是享受生命的过程，同时追求未来，应该是快乐与意义的结合。既然现在的生活也是生活，有什么理由为了明天的生活而牺牲现在，使现在的生活变得索然无味、苦不堪言？（肖川，2002）

　　教育的目的与根本使命，不是让孩子们感到压力与不快乐。孩子们需要我们用足够的耐心陪伴他们、引导他们慢慢长大，需要我们从容地等待、静静地关注、理性地思考，用温柔的眼睛看着他们说"孩子你慢慢来、慢慢来"。

　　并不是每一朵花都有提前开放的理由。"大自然希望儿童在成人之前就要像儿童的样子。如果我们打乱了这个次序，我们就会造成一些早熟的果实，它们长得既不丰满，也不甜美，而且很快会腐烂：我们将造成一些年纪轻轻的博士和老态龙钟的儿童。儿童是有他特有的看法、想法和感情的；如果想用我们的看法、想法和感情去代替他们的看法、想法和感情，那简直就是最愚蠢的事情。"（卢梭，2001）[88]

教育是慢的艺术，它需要耐心与耐性。卢梭（2001）[117]曾经说过，由于错用时间而带来的损失，比那段时间中一事不做的损失还大，一个受了不良教育的孩子，远远不如没有受过任何教育的孩子聪明。日本教育学者佐藤学认为，教育往往要在缓慢的过程中才能沉淀下一些有用的东西。叶圣陶认为，教育是农业，不是工业。是的，万物都有季节轮回，不能背离。万物都有它存在的理由，哪怕是一颗转瞬即逝的流星，在广袤的夜空里也是一道最美丽的风景。哪怕是一棵山谷中最不起眼的小草，也有属于它的春天。而教育面对的是活生生的个体，我们不能有悖学生认知成长的规律，不能揠苗助长。要放慢教育的速度，留足等待的时间和空间。这样，我们就能对学生少一点儿苛责，多一分理解；少一点儿失望，多一分信心；少一点儿冷漠，多一分亲切。因为教育的目的应当是向学生传送生命的气息，并不仅仅是知识技能的积累，更重要的是精神和灵魂的培育，还有人格的成熟和品位的提升。（张学延，2010）知识是容易教的，技能也是容易训练的，但精神和灵魂的成长需要信任与耐心，需要期待与熏陶。只有慢下来的教师才能注意到每个学生的困难并及时给予帮助。每个孩子来到这个世界上，总有任何人不能替代的理由，在孩子成长的漫长岁月里，我们只要精心"施肥"、精心"浇水"、精心"松土"、精心"除草"，或许在哪一天，就会有一件事、一个情境拨动了他的心弦，触动了他的内心深处。每个人的成长过程，就是通过点滴错误、点滴成绩、点滴感悟、点滴积累而达到质变的过程。

蒲公英年年都有，孩子那样的幼小年龄却只有一次。每个孩子都是有着自己独特个性和闪光点的活生生个体，每个孩子都需要得到充分的理解、尊重与关爱（肖川，2007）[340]。爱因斯坦被公认为是天才，可是爱因斯坦自己却认为，人人都是天才，问题在于你用什么去评判他。教育是以对人之存在的真实性、理想性为旨归的，是个体差异的一种底蕴性存在，更多的是将个体表现为差异性的张力形态。它强调个体的特殊性与差异性，重视对个体存在的特质性的无限关怀。不同的人，他的天赋显露有早晚之别，并非显露得越早越好。因此，因材施教、量才培养是基本的教育常识。但目前教育实践中常常缺少最基本的常识，取而代之的是千篇一律的模式化的教育方式和整齐划一的人才培养规格。教育是对现实的、具体的人的教育，是在现实的、具体的人的生命历程中展开的师生心灵的相遇。因此，教育都是在人的生活世界之中行进，都超不出生活世界的畛域（肖川，2007）[59]。我们不能只是在学科上下功夫，在智力的发展上下功夫，还应该着眼于整体的人，着眼于学生完整的、独特的、自我的成全。

台湾漫画家朱德庸，凭借《双响炮》等漫画作品红遍了亚洲。但在他上学的十多年里，他有过不断地转学、插班、留校察看，甚至连上补习班都惨遭劝退的经历。朱德庸的父母为他伤透了脑筋。有段时间，朱德庸认为自己非常笨，后来他才懂得，那不是笨，而是在某些方面不擅长。人的学习能力是分多种类型的，他天生就对图形敏感，对数字迟钝。因此，他只有在画画时才能找到属于自己的快乐，朱德庸喜欢观察生活和各种各样的人，并试着将不同人物的脸谱画下来。一次偶然的机会，他的漫画公开发表了，这更鼓舞了他。当《双响炮》红遍台湾时，朱德庸已名声斐然。朱德庸说："我相信，人和动物是一样的。每个人都有自己的天赋，比如老虎有锋利的牙齿，兔子有高超的奔跑、弹跳能力，所以它们能在大自然中生存下来。人们都希望成为老虎，但其中很多人的智能是兔子。我们为什么放着很优秀的兔子不当，而一定要当很烂的老虎呢?"（冯琳，2007）

　　真正的教育在于把个人培养成为独特的自己。刘惊铎（2007）说："对于一个教师来说，承认学生的独特性，鼓励学生多样化发展的态度和行为是道德的，而压抑学生个性发展的态度和行为则是不道德的。"肖川（2007）[286] 认为，越是个性的就越是人类的，因为每个人都是一个宇宙。根植于自我的创造，都是对人类无限丰富性的确证。奈斯说，人们不应寻求彻底的一致性，不管这种一致性的含义是什么。所有的标准都应该是灵活的。尊重和欣赏生命标准的灵活性、多元个体的差异性、物种的丰富多样的复杂性、内在价值的平等性……是生态智慧的最基本的要求。(毛文凤，2009)

　　考虑、尊重孩子的个体差异，就尊重了生命生长的客观规律，这是生态的本原，也是教育的本原。差异的，才是多样的；多样的，才是多元的。在教育的大观园里，就应该既有乔木、灌木、草本，也有苔藓植物，能让橡树长成橡树，让玫瑰长成玫瑰，哪怕是小草，也应该有它丰赡的生命存在。只有这样，教育生态系统才能抵御"沙尘暴"的侵袭。

## 第二节　成全不同的我自己

"我"置身于大千世界,是自己的主宰。人只有自觉地认识"我"自己才会真正地珍视自己,并珍视这个世界,从而让身边的芸芸众生,以及承载芸芸众生的世界具有切实的意义和价值。"不识庐山真面目,只缘身在此山中",自我认识是认识的制高点和最难点。教育最大的魅力,就是可以帮助人形成自我认识的能力。这一节重点分析对自我的认知、角色定位判断的重要性,以及自我对于什么是美好的、什么是丑陋的,什么是必要的、什么是不必要的等价值取向的基本认知。同时分析自我肯定、自我爱惜、自我绽放的重要意义,旨在强调独立自我主体存在的必要性,并且激发个体积极地进行自我感觉、自我观察、自我分析和自我评价,从而达成认识自己和对待自己的统一。

---

## 我是谁——《失落的一角》的联想

在希尔弗斯坦①的《失落的一角》中,一个圆缺了一角,他很不快乐。他唱着歌去找失落的一角。虽然他忍受着风吹雨淋,但是因为缺了一角,他不能滚得很快,所以也会停下来跟小虫说

---

① 谢尔·希尔弗斯坦(Sheldon Silverstein),一位享誉世界的艺术天才,集诗人、插画家、剧作家、作曲家、乡村歌手于一身。作为20世纪最伟大的绘本作家之一,1963年,他的第一本绘本《一只会开枪的狮子》一经问世,立刻引起巨大的轰动,获得无数好评。随后,《爱心树》隆重出版,迅速风靡全球,影响了一代又一代的读者,成为绘本世界永恒的典范,也奠定了其伟大绘本作家的崇高地位。

说话，或者闻闻花香。当他历经千辛万苦找到了失落的一角，却因为不再缺少什么，所以越滚越快，不能跟小虫说说话，也不能闻闻花香，快得蝴蝶不能在他身上落脚，他也不能唱歌了。最后，他停下来，轻轻地把那一角放下，从容地走开了。

历尽艰辛努力让自己成为一个完整的生命体，到最后才发现原来缺了一角的"我"本来就是一个完整的、具有内在价值的生命体。一则关于"缺陷"和"圆满"的寓言，让我们联想到了什么？

作为"人"的"我"是有缺憾的。也可以说，不完满才是人生。正如季羡林在感悟人生时所说，自古及今，海内海外，一个百分之百完满的人生是没有的。如果把人的出生和死亡看作生命的两点，那么连接两点的不是直线，而是一条弯弯折折的曲线。在这条线路上，有许多风风雨雨，坎坎坷坷，给人留下遗憾和缺失。正因如此，我们应当正视人生中的缺憾，不必为漫天悲秋中飘舞着的萧萧落叶感到伤感，因为没有落叶，秋天不会有凄艳的美丽；我们也不必为漫天的飘雪将世界悄悄覆盖感到难过，因为没有飘雪，冬天不会有圣洁的素衣；我们也不必为乌云浮于碧空，看不到明月感到失望，如果没有浮于碧空的乌云，怎显得月光的清明；我们更不必为污泥沉于溪底，看不清一弯清流感到遗憾，因为没有淤泥的沉积，何有清流的透彻。

缺憾也是一种美。朱光潜（2011）说过："这个世界之所以美满，就在于有缺陷，就在于有希望的机会，有想象的田地。"这直言不讳地道出了对缺憾是一种美的深刻感悟。

有时，"无"胜于"有"。没有那"失落的一角"，生活也很惬意。就像你外出旅游，常常会为大自然的鬼斧神工和人类的高超智慧所折服。但是随着旅游景点的过度商业化、市场化，许多著名的景点被熙攘的游人和商铺包围，很多自然景观和人文景观失去了恬静优雅。所以，人们羡慕徐霞客生在一个没有旅游业的年代，虽然没有吊车和索道代步，但是他所看见的世界，是一个没有门票和小贩的真实世界，感受到的是建立在劳累和艰险之上的旅游之乐。

可见，凡事过犹不及。这不由得让人想起一个故事。据说，上帝在创造蜈蚣的时候，并没有为其造腿，但是它可以爬得和蛇一样快。有一天，蜈蚣看到羚羊、梅花鹿和其他有腿的动物都跑得比它快，心里很不高兴，便向上帝祷告："我希望拥有比其他动物更多的腿。"上帝答应了它的请求，把好多好多腿放在蜈蚣面前，任凭它自由取用。蜈蚣迫不及待地拿起这些腿，一只一只地往身上贴去，从头一直贴到尾，直到再也没有地方可贴，它心中窃喜："现在，我可以像箭一样地飞出去了！"但是，等它一开始要跑步时，才发觉自己完全无法控制这些腿。这些腿各走各的，它只有全神贯注，才能使一大堆腿不至于互相绊到而顺利往前走。这样一来，它比原来走得更慢了。可见，任何事物并不是多多益善。(韦秀英，2010)

让我们回到《失落的一角》。试想，人人都找到了缺失的一角，变成了理想中的"圆"，犹如无腿的蜈蚣贴上了很多条腿。那时，又会是一番怎样的景象呢：无数完满的"圆"飞奔在路上。结果，具有个性的圆消失了。"圆"和"圆"的区分度降低，众"圆"皆完满，看上去都一样。作为"类"的圆充斥整个世界，具有鲜明个性的圆却不见了。我的存在失去了参照系，不知道身在何处。此等景象，如国学大师钱穆在《如何完成一个我》中所言，犹如鸟兽草木，有共相，无别相；有类性，无个性。"我"发现周围的"他"，个个和"我"的嗜好一样，才性相近。

如果不能凭借天赋完成本我，"我"与禽兽草木同腐，那么，天地间多"我"一人，少"我"一人，又有什么不同？钱穆又言，"我"之所以为贵，"贵能于人世界中完成其为我""贵在于群性中见个性，贵在于共相中见别相"。"圆"认识到了这一点，它把那一角放下，从容地走开，从此，它可以从容地欣赏风景中的人和事，看看成熟谷地里茂盛的庄稼，抚摸田间星星点点的小花，可以在春日里面感受"等闲识得东风面，万紫千红总是春"，也可以体会"你站在桥上看风景，看风景的人在楼上看你；明月装饰了你的窗子，你装饰了别人的梦"的意境。所以，每个人，首先要回答"我是谁"的问题，认识到所谓失落的一角原本就不属于自己，也许真正的自己就是缺了一角的那个"圆"，自己本来就不是圆的。然后才可以做自己想做的，追求自己向往的，用心体察生命的本真，肯定自我，悦纳自我。

## 何所爱？何所恶？

古希腊哲学家柏拉图说："我们一直寻寻觅觅，寻找的却是自己原本早已拥有的；我们总是东张西望，唯独漏了自己想要的，这就是我们至今难以如愿以偿的原因。"

我们寻觅胜利，于是陷入想拿第一的疯狂竞争。我们寻觅成绩，却也经常看到那些在学校里成绩名列前茅的孩子，他们上学的时候似乎什么都有，成年以后反而经常过着最无趣的单调生活。教室后排那些不引人注意的孩子却成了掌握财富的企业家。我们寻觅成功，于是，总是超负荷地工作，总是被狂躁驱赶，毫无幽默感，没有幸福感。成功的渴望消耗了一切，其他的一切就此崩塌。我们寻觅声名，有知名度成为重要的理想。多少人都想一夜成名，多少人成名了以后到处被人追踪，丧失了隐私和自由。我们寻觅完美，无论是个人的容貌，还是工作表现，或者生活细节，都不容许有瑕疵，直至筋疲力尽……，而事实上，生活确确实实给了我们每一个人足够的压力和负荷。如果一个人只是盲目地追逐，他就无法敏锐地触摸自己内心真正的好恶；他还无法凭借自己的天性给自己创造愉悦和满足；他也就无法保证有相当的宁静时光，用以平衡自己一生将有可能遭遇的动荡。

那么，我们如何才可以明了，什么才是自己的所爱，值得自己孜孜追求？什么是自己的所恶，可以毫不犹豫地放弃？

德国的高中毕业生，可以不必急着选大学，也不必急着找工作实习，可以选择给自己一年的自由，趁着最美好的时光去实现自己的梦想。这一年整修时间确实是一个很好的认识自我的机会，它可以让年轻人找出自己的极限，明白自己的坚持。他们在北海浅滩听鸟鸣啁啾，到智利小镇照顾贫苦孤儿，到加纳当一名足球教练陪孩子们练球，到泰国当一名游泳教练……。此类异国风味十足的工作让德国的年轻一代无比兴奋，与此同时，他们对自己的要求也在不断提高：去做一些有意义的事，去寻找真正的自我，去学会一门新的语言，去为自己的人生旅程奠定基石。

日本绘本之父松居直（2007）先生写过一段问答，让人触动：

用功读书是为了什么？

那还用说？当然是为了获得好成绩！

获得好成绩又为了什么？

为了进好学校呀！

进好学校以后呢？

毕业以后就可以找到一份好工作呀！

找到好工作，又能怎么样呢？

当然就能拥有安定的生活和良好的社会地位啰。

为什么要有安定的生活和良好的社会地位呢？

这个嘛，因为这样才能幸福呀！只要经济上不虞匮乏，在社会上受到肯定，又建立了自己的家庭，就会很幸福的。

这样真的就会幸福吗？许多表面上看起来幸福美满的家庭，家里的每个成员却不知道自己活着有什么意义，也没有尝过幸福的滋味，成天生活在不安和不满的痛苦深渊中。还有不少家庭，全家人感情疏离，各自为政，过着孤独而寂寞的日子。

幸福到底是什么？

松居直先生回忆道，他从自己的孩子很小的时候开始到他们十岁左右，一直念书给他们听，从没有间断过。他念的书范围很广，从图画书到分量不少的儿童文学作品，而且他从来没对孩子说过一句："去看书去！"但孩子们各自养成了读书的好习惯。孩子们经常听他念书，似乎已亲身体验到，书是多么有趣的东西，在真正开始"读书"之前，他们已经彻底地爱上"书"了。他说："孩子们长大以后，我才真正了解到，当时我用自己的声音、自己的语言讲了这么多故事的意义在哪里。我也发现，通过念这些书，我已经在他们小时候，把一个做父亲的想对孩子们说的话说完了……对一个人来说，什么是真正的幸福？活着的意义到底在哪里？人应该靠什么活下去？这一本又一本的故事书，已经用不同的方式把答案说得一清二楚了。"（松居直，2007）

松居直先生的话，说明了一种可能，那就是，我们可以给孩子们种下"幸福的种子"。所谓"幸福的种子"，那就是能够让孩子们从小就感受到一个人应该从容、镇定、平静而饱满地行走自己的人生。

哲学家萨瓦特尔（2008）认为："好生活不是普适性的、大规模生产的，而是'量身定做'的，每个人都应根据自己的个性去加以创造，在要生活好的问题上，训诫和先例可以帮忙，但绝不能替代我们自身。"无论是德国的年轻人，还是松居直先生的孩子，他们的幸运在于他们有着观察、感觉、分析、认知自己的条件，有了自我选择的可能。"从心所欲而不逾矩"，避免了只是盲目从众的人生。什么是真正的幸福？活着的意义到底在哪里？人应该靠什么活下去？要回答这些问题，我们必须知道，在空间和时间的巨大架构里，我们是如此渺小，是短暂的存在。我们只是短暂的过客，一切都应该采取更适当的方法——我们要做的就只是在这短暂的时间里，尽自己所能做得最好，永远不要失去自己的意念，自己的文化传承，知道自己是谁，明晰自己的所爱，坚定地前行——唯有如此，我们才能够真正地平息很多的欲望、纠结、愁苦、困顿，心安理得地走好自己的人生旅途。

## 重要的是，不要对不起自己

　　自然万物的风景像是一面镜子，让我们看到自我背后的"风景"。叔本华（2009a）以哲人特有的敏锐和无畏，在《风景中的人类》中，描绘了独到而耐人寻味的"风景"：

　　一棵普通的苹果树，枝叶繁茂，花朵盛开；一棵挺拔的枞树立在它身后，高耸着它那黑色的锥形树冠。苹果树说，看看我这华美的锦簇花团，你能拿那青绿的针叶和我媲美吗？枞树说：是的，一旦冬天来临，你就会花枯叶落，而我却依然年青（轻）。

　　一天，我正在一棵橡树下采集植物，发现一片高矮差不多的植物丛里有几株异样的小苗，它们色泽微暗，枝叶茂密，茎干挺直。我一遇到橡树，它便语气坚定地对我说：让我留下吧，我不像这些植物，大自然只赋予它们一年的生命，我是一棵橡树，我不适合做你的标本。

　　人也这样，有些人的影响可持续数百年。不论什么时候，他们都生活在他的同伴中，成为他们中的一员，似乎平凡而渺小。但是，那些懂得珍惜时间的人却将与时间共存。

　　人如大自然的万物，才性不同，分途异趣。但是，最重要的是能够拥有自我，爱惜自我，绽放自我，进而超越自我。正如歌德在海德堡写下的一首诗：

　　只要我们不丧失自我，

　　什么样的生活都可容忍；

　　我们尽可以失去一切，

只要我们依旧是我们。

那么，一个人怎样才算拥有"自我"呢？一是看他有没有自己的真兴趣，亦即自己安身立命的事业，他能够全身心地投入其中，并感到内在的愉悦和充实。这个"自我"是指他的个性，是每个人独特的生命价值。二是看他有没有自己的真信念，亦即自己处世做人的原则，那是他精神上的坐标轴，使他在俗世中不随波逐流。这个"自我"是指他的灵魂，一个坚定的精神核心。这两种意义上的"自我"是在人生过程中不断选择和创造的结果。正因为如此，每个人都要为自己成为怎样的人而负责。

美国苹果公司前首席执行官史蒂夫·乔布斯（Steve Jobs）就是个绝佳的例子。

2011 年 10 月 5 日，美国苹果公司宣布，史蒂夫·乔布斯去世。一连数日，世界各地的人们抒发着对他的怀念。为什么一家公司的前 CEO 逝世的消息会震惊全球，使得如此多的人为之扼腕痛惜？除了他是商业领袖，用科技和人性化设计改变了人们的生活，并引发了互联网、娱乐界等多个领域的巨大变革以外，更重要的是，他听从自己内心的声音，去做自己想做的事，并在自己喜爱的事业中将才能发挥到极致，使不可能成为可能。有评论说，乔布斯是不可复制的。这启示我们，活在世上，每一个人应该尽早想通三个问题：我能够做什么；我应该做什么；我愿意做什么。我做的事情都是我愿意做的，是从我的真兴趣出发的，那么我做起来就会很愉快。世界无限宽广，但是属于每个人的现实可能性终究是有限的，在对一切可能性保持开放的同时，你要早一些在人生之海上抛下自己的锚，找到最适合自己的领域。乔布斯说过："不要活在别人的观念里。最重要的是，勇敢地去追随自己的心灵和直觉，只有自己的心灵和直觉才知道你自己的真实想法，其他一切都是次要的。"一个人不论伟大还是平凡，只要他顺应自己的天性，找到自己真正喜欢做的事，并且一心把自己喜欢做的事做得尽善尽美，他在这个世界就有牢不可破的家园。

乔布斯不可复制。同样，平凡如你我也是不可复制的。如同世界上没有两片完全一样的树叶，这世上也没有两个完全一样的人。我们每一个人都是世界的唯一，虽然职位和身份各异，但是"此时此位，仅唯一我"。在一些国家的教育中，他们极其看重孩子的个性，他们会告诉每个孩子，你是唯一的，是独一无二的，是最宝贵的。个性化问题，是中国教育的薄弱环节。中国的传统文化强调群体意识，推崇"从众""从上"等行为方式，这使得很多人被动地管理自己的学业和事业。在现行的教育体制下，很多孩子事事听从家长和老师的安排，遇到问题直接从家长和老师那里找到答案。另外，家长和老师也习惯越俎代庖，帮助孩子设计人生。很多人早已迷失在"自我缺失"的海洋里，不知道如何积极主动地规划自己的成长道路，永远在一种比较中走向最终的大同。一个人不能被公共需求淹没内心深处最有激情、最为敏感的部分，这是每个人个性的部分，也是拥有天赋的部分，但太多时候，他们都被现实淹没了。

总之，就像萨瓦特尔所强调的，不要问别人你的生活应该怎么过——应该问你自己。一个个体就是世界上的唯一，每个人都拥有自己的特点和天分，每个人在这个世界上真正要做到的就是要好好珍视自己，让自己呈现和发挥出最好的一面。

## 第三节　教育即爱

什么是教育？教育又是经由了什么激发生命，充实生命，协助人成为一个向善、向上，并且敢于承担责任和义务——不仅是对家庭，还包括对社会，也包括对自己的责任和义务的生命体，并帮助他们持续地发展这种精神。在前文阐释生命的美感、尊严、权利，以及具体到对人这一独特生命体，甚至本我这一最为具体生命的认知、判断之后，这一节进一步聚焦到教育的范畴，分析教育对人的作用、影响和价值，以及教育中的爱的意义，和对自然的、本能的、无条件的教育的爱的追求，力图呈现教育，以及教育的爱之于人积极感召的图景，启迪教育工作者的理性自觉。

---

### 教育与人

教育是相对隐性且很难用显性指标衡量的，且不容易在短期内达成目标的柔性工程，受教育要付出大量的时间、努力和金钱，而其回报却不是立竿见影的。那么，我们为何要在教育上投入如此之多呢？

其一，蒙台梭利曾经这样表达教育的意蕴："促进生命——让它自由地发展、展开——这便是教育的首要任务。"教育是培育人、塑造人的事业，是提高人的素质、促进人全面发展的"摇篮"，是把巨大的人口压力转化为人力资源优势的"主引擎"。也就是说，教育具有直接作用于人的成长和发展的本体功能。

其二，富兰克林曾认为，没有什么比对年轻人的良好教育更有益于一个国家的建设和发展，更有益于一个民族的智慧、财富和力量、美德和虔诚、社会福利和人民幸福的。教育是老百姓幸福指数的重要体现，是和谐社会建设的根基；教育是对传统文化的继承、传播、发展、创新，是现代文明的基石；教育是传播科学技术，使新科技尽快转化为生产力的原动力；教育具有反哺性，不仅在提高人口素质，而且在改善投资环境以及促进社会经济发展方面有着不可估量的作用，是城市竞争力的基础，是区域发展软实力的重要指标。简言之，教育是社会公共事业的重要组成部分，具有政治、文化、科技、经济等社会功能。

正如《辞海》所定义的："教育随社会的产生而产生，是作为个体的人与社会发展必不可少的手段，为一切社会所必需，又随社会的进步而发展；受社会政治、经济、文化等方面的制约，也对社会整体及其诸多方面产生影响。"教育是人类社会特有的现象，它是随着人类社会的产生、发展而产生、发展起来的。它的本质属性，即教育是一种影响，一种积极的影响，一种对人类认识和改造客观世界及自身的积极的影响。教育使我们获得必需的技能、知识、情操来提高生命质量，并且使我们所生活其中的这个世界更加丰富、和谐。因此，无论从个人还是社会的利益考虑，教育都值得我们投注更多的精力与资源。

沿着以上的逻辑，着眼于"人"的视角，按照海德格尔的理解：人的基本存在状态就是"被抛入式设计"，人被抛入这个世界之后，剩下的工作就是靠自己的设计和选择了，人要设计与选择，其前提就是人需要被教育所"唤醒"。

## 教育，唤醒了人的什么？

一方面，教育唤醒人的社会化。学校，是致力于传播文化和教授我们所需技能的专业机构，是一个拥有自己价值、观念、信念、知识和规范的小社会，是一个让孩子们学会自立及与同辈群体，即年龄相近有特定社会交往的孩子们建立联系的地方。通过学校，孩子从家庭的私人领域过渡到了社会的公共领域，并且学习作为成员参与者和社会公民所必需的价值和规范。

另一方面，教育唤醒人的价值信仰。教育的本质乃是传授价值，让人知道为什么活着，活着要做什么，让人得以有所抉择。所以，教育如果只是传播技术知识，而无法澄清我们的基本信念，它就不能真正地影响人，也就不能对社会产生真正的价值。这就是说，教育并不只是一堆公式或教条，而是伴随我们一起思考，一起感受，并经由它来为我们指引生命历程中的迷津，它应该使我们不会怀疑自己的基本信念，不会怀疑对生活的目标和意义的看法，从而使我们的生命行径能够显现出由于内心清明而应有的稳定自若。这样的一个过程才能够真正够资格被称作教育。

当下的教育有很多局限和偏离。社会大众把教育视为读书，简单地把读书和考试当作取得学历和谋取工作的工具，窄化了教育的内涵。有些人认为，教育只是读书，而不是心智和生命的展开；教育只是升学，而不是价值信仰的建立。形成这种观念的原因很大程度在于功利化的教育氛围。事实上，当教育背离本原时，教育是不可能正常地发挥它的功能，也不能正向地影响人与社会的，它甚至会扼杀人的潜能，蒙蔽人的心智，进而蒙垢社会。

成年以后，曾经令达尔文沉醉的莎翁著作，却让他觉得沉闷到令人作呕，曾经给他带来颇大喜悦的画作和音乐也让他几乎毫无胃口，他觉得自己的心灵"似乎变成了一台只会从大量事实中榨出通用法则的机器"。他觉得这些嗜好的消逝也就是快乐的消逝，而且可能损伤智力，衰减天性中的情感，损害道德性格，他觉得很失落。达尔文描述的这种失落甚至会淹没我们的整个文明，这种迹象在今日处处可见。杜波依斯①说："在人类为之奋斗了五千年的所有权利中，毫无疑问，教育是最根本的权利。"澄清人与社会的中心信仰是教育的首要责任，否则，教育就无法成为人类最根本的权利，赋予人类公平、正义和幸福。

**我们所谈论的爱究竟是什么？**

夏丏尊②说："教育之没有情感，没有爱，如同池塘没有水一样。没有水，就不成其池塘，没有爱就没有教育。"爱是教育的本源和灵魂，教育是爱的事业，这几乎是所有人对教育的共识。

热爱学生是教育的本质。教师被誉为太阳下最光辉的职业，是人类灵魂的工程师，如何关爱自己的教育对象，是全体教育工作者不断探索和思考的问题。教师在教育过程中表现出来的高尚的道德境界、敬业精神和富有人道性的教育艺术，皆是教育爱的

① 杜波依斯（Du Bois, 1868—1963）是美国当代杰出的和平战士，黑人解放运动的领袖，世界知名的学者和作家。

② 夏丏尊（1886—1946），文学家，语文学家。名铸，字勉旃，后改字丏尊，号闷庵，浙江上虞人。

体现。当然，这些并不是与生俱来的，而是在教育的思考和实践中逐渐体悟得到的。

关于教育的爱，日本著名作家黑柳彻子的自传体小说《窗边的小豆豆》做了很好的诠释。黑柳彻子被美国《纽约时报》《时代周刊》《新闻周刊》赞誉为日本最伟大的女性作家。1984年，联合国的官员在读完英文版的《窗边的小豆豆》后，认为"这个人这么了解孩子的心理，再也没有比她更合适的人选了"，于是她被任命为联合国儿童基金会亲善大使，成为继著名国际影星奥黛丽·赫本之后第七位、亚洲历史上第一位亲善大使。

"小豆豆"是个顽皮的、很难管教的孩子，在课堂上她多次吵嚷着跑到窗边去看自己的偶像"宣传艺人"，她还多次掀起课桌的盖子……，由于她不守课堂纪律而被老师"罚站"走廊，最后被退学。所以，看起来，她不是个好学生。但当她走进了"巴学园"以后，她的身上发生了巨大的变化，她不仅学会了遵守纪律，而且学会了关心他人、为他人着想。这其中最重要的原因在于"巴学园"有一位难能可贵的校长——小林宗作校长。小林先生对教育有着独到的见解：他很有创意、会想到将废弃的电车改装成上课的教室；他尊重儿童，拥有着博大的人文情怀；他热爱大自然，希望孩子们尽可能地保持自然的性格。他很有耐心，能连续听六岁的小豆豆说四个小时的话而不打哈欠；当小豆豆把粪坑里的东西全捞出来堆成一座小山时，他只说："弄完之后要放回去喔！"他会细心呵护每一个孩子，哪怕是一个生理有缺陷的孩子。书中有一个得了侏儒症的孩子，小林先生为了他举办了学校的"小型运动会"，在他根本无法跳过比自己高很多的木马时在背后暗暗地帮了他一把，使他得到了自信，也赢得了同学们的赞叹。小林先生的做法培养了残疾孩子最需要的心理补偿——自尊和自信，这对他的一生都有很大的帮助。因为后来这个男孩过上了正常人的生活，也有了完美的婚姻，还在一家公司担任了专门协调同事人际关系的职位。小林先生认为：无论哪个孩子，当他出生的时候，都具有优良的品质。他在成长的过程中，会受很多影响，有来自周围的，也有来自成人的，这些优良的品质可能会受到损害。所以我们要尽早发现这些"优良的品质"并进行精心的呵护，把孩子们培养成富有个性的人。正是在他的这种教育理念中，小豆豆逐渐地发生了变化。

小林先生的可贵之处在于他真正地实施了"爱"的教育，让孩子们懂得了"爱人，爱己"。事实上，每个孩子生下来都是一样的，没有天生的坏学生，不管孩子是犯了错误还是其他怎样，都不可以妄下"坏学生"的定论。他们都需要尊重——予人尊重，发掘并保持孩子的本真，这才是教育的真爱。

除了小林校长以外，小豆豆也受益于她的宽厚仁慈的妈妈，直到她二十岁之后，妈妈才跟她提起她小时候因为太过调皮而被退学的事情。如果当初在小豆豆还是个六岁的孩子时，妈妈就说："怎么搞的？你竟然弄到要退学！我们只好再找一个学校了，如果再退一次学，就没有学校再要你了！"小豆豆一定承受不了这种压力。懂得，并能够体谅、保护孩子的内心，才是教育的真爱。

巴学园，俨然是一个教育的理想园。对照这样的一个理想园，我们会发现我们目前的教育现状的确远未达到书中所描写的境界，教育当中还有很多的错爱、假爱、伪爱，不过所幸的是我们已经在改变长久以来机械、呆板的教育，正在向着人性化、自然化的趋势发展。只要我们坚持着，一定能够施以教育真爱，给天下无数的孩子奉献出我们的"巴学园"。

## 不是我作诗，是诗在我心中歌唱

歌德诗歌的源泉，就是他鲜艳活泼、如火如荼的生命本体，是他在追求的生命中所自然产生的一切激情，所以他说："不是我作诗，是诗在我心中歌唱。"诗已经是他的生命体内自然奔腾的血液，毫无条件，近乎本能。

有学者认为，教育爱是一种"类母爱"（高德胜，2010a），具有类似母爱的性质。它像母爱一样，是一种无条件的爱，是一种低调的爱，一开始就应朝着自己的隐退努力。也有学者认为，教育爱是公平和主动的。"公平"也可理解为"无条件的"，"对所有儿童一视同仁"，为了保证公平性，需要"尊重和认识儿童"；"主动"指的是教育爱不仅仅是付出的过程，也是一个收获的过程，因为在给予的行为中，我们体验到力量、财富和能力，为了体现教育爱的主动性，需要关心和责任。同时，有学者指出，教育爱的最终任务是"教师帮助儿童真正成为他自己"（秦元东，2009）。其实，教师帮助儿童真正成为他自己就意味着"（教师）自己的隐退"。因而，教育爱是公平之爱、给予之爱、隐退之爱。这样的爱，借用歌德的话可以说，不是我施以爱，而是爱在我心中歌唱。

公平之爱，是让所有的生命幸福。面对一大群嗷嗷待哺的小鸟，鸟妈妈如何判别哪一只小鸟此刻最需要食物？西班牙研究人员对 84 只生活在欧洲的蓝胸佛法僧雏鸟进行观测后发现，这种鸟可以看见人眼无法察觉的紫外光，而且随着体重的增加，鸟的前额反射紫外线的数量也会减少，因此那些比较瘦小、相对饥饿的雏鸟在鸟妈妈的眼里，便会变得光芒四射，从而更能引起鸟妈妈的注意。可爱的蓝胸佛法僧鸟妈妈是一个公平的使者，她要照顾好每一个孩子，还要特别关照"瘦小、相对饥饿"的小鸟。不自觉中，她遵循了美国哈佛大学教授约翰·罗尔斯①提出的两个正义原则。两个正义原则与罗尔斯对社会的基本结构认识相配套，第一个原则用于确定和保障公民的平等自由，第二个原则用于建立和规定经济及社会的平等性。根据这两个原则，只要有可能，"所有社会价值都应当平等地分配"，此即"平等原则"。

反观教育，每个公民都应当享有平等地接受优质教育的机会。在学校这个小社会中，学生也应当享有教师公平的爱。如果他们经常受到不公平的对待，这种体验就会逐渐演变成"抵制"和"抗争"意识，甚至变成社会问题。但是，有时候公平是不可能的。此时需要动用第二原则。罗尔斯花了大量的气力来论证第二个原则。在论述第二个原则时，他提出了几项论证，其中之一就是差别原则。差别原则就是：当且仅当社会基本品的不平等分

① 约翰·罗尔斯（John Rawls）是当代研究公平的最具影响力的学者之一，是 20 世纪英语世界最著名的政治哲学家之一，其代表作《正义论》被认为是 20 世纪后 50 年最伟大的政治哲学著作。他提出了著名的两个正义原则。第一个原则：每个人都拥有享受彼此相容的最大限度自由的平等权利。第二个原则：社会经济不平等应当尽可能地有利于从中得益最少的人；权利和地位在机会均等基础上对每个人开放。在两个原则中，平等自由原则优先于其他原则，在第二原则内，机会公平开放原则又具有优先性。

配，有利于从中得益最少的人时，不平等才是正当的。差别原则包含着某种平均主义，同时它也反映了自由主义思潮的某些倾向，最基本的就是"平等的倾向"。差别原则意味着：（1）补偿原则。即应当对出身和天赋的不平等进行补偿，差别原则不等于补偿原则，但它力图达到补偿原则的目的。（2）互惠的观念。差别原则是追求相互有利的原则。（3）博爱原则。在西方社会中，与自由和平等相比，博爱处于较次要的地位。差别原则表明了一种公民友谊和社会团结。罗尔斯的另一个推论是：一个正义的社会，必定是一个尽可能使社会中处于最不利地位的人多得好处较少受损的社会，此即照顾弱者原则。

给予之爱，是让所有的生命都能做一棵快乐的"爱心树"。希尔弗斯坦的《爱心树》描述了一棵无私奉献的树。当男孩小的时候，他抓着树枝荡秋千，同大树捉迷藏，累了就在树荫下睡觉；当男孩长大需要钱的时候，爱心树奉献上了树上的苹果；当男孩娶妻生子需要房子的时候，爱心树献上了自己的树枝；当男孩需要一条船去远航时，爱心树把树干奉献出来，让他做了船；当男孩年迈走不动路的时候，爱心树奉献了仅有的老树墩，让孩子安静地休息。自始至终，"大树很快乐"。

爱是无私的奉献。教育爱是一种给予之爱，指的是不求回报，体现了教育者的无私。因为爱的本质不是别的，而是给予。这种爱是本体性的爱。教育者对学生有类似父子或者母子一样无条件的深厚的慈爱和关切，夸美纽斯认为合格的教育应努力像父母一样和善仁慈地对待学生，卢梭认为："真的保姆就是母，真的教师就是父。"凯兴斯泰纳认为教育者要有一颗母亲一样的慈爱的心，他说："教育家的特性乃是在于爱人。谁若能够活着不爱别人，他就根本不堪做教育家。"在我国，"一日为师，终身为父"的说法也说明了带有亲子色彩的教育方式由来已久。（陈东升，1994）

亲子之爱具有恒常性，渗透于日常生活中，教育爱也如此。教育爱是时时、处处、事事都体现为稳定的爱，贯穿在整个教育过程中。它体现在教育者的每一个眼神、每一句话语、每一次行动中。

亲子之爱是无功利性的，培育孩子不是为了炫耀自己，教育爱也如是。学生不是为教育者谋取和实现自身利益的工具。有些地方政府规定，有一个学生考取清华大学奖励学校 20 万元。或许这有利于激励学校和教师，但亵渎了教育爱。教育者很可能演变成"教育警察"——课间找学生订正作业或谈心，自习课总是不放心地从门缝中窥探学生是不是在读与考试无关的闲书；受教育者可能演变成"流水线上的机器"。试问，这些学习的"包身工"的内心能产生多少"爱"？

爱因斯坦曾说过，如果一个人忘掉了他在学校里所学到的每一样东西，那么剩下来的就是教育。教育能够留下来的，教育应该留下来的，更多是知识以外的精神收获、人格收获和道德收获。或者说，是一种爱人的能力。给予的过程不仅丰富了被给予者，也激发、丰富了给予者自己，也就是我们常说的用爱唤醒爱，正如弗洛姆①（2008）所言："'给'是力量的最高表现，恰

---

① 艾里希·弗洛姆（Erich Fromm, 1900—1980），精神分析学派的代表人物之一。他十分重视人与社会关系的研究，著有《逃避自由》《精神分析与宗教》《健全的社会》《人类的破坏性分析》等。

恰通过'给'，我才体验我的力量，我的'富裕'，我的'活力'。体验到生命力的升华，使我充满了欢乐。"

人非草木，孰能无情。教师的爱总会得到学生相应的回馈，学生"亲其师，信其道"，从而激励教师产生巨大的教育内在动力，加深自己的教育爱，形成"爱生—尊师—更爱生—更尊师"的良性循环。教育行政部门、教师、学生的爱是教育爱的构成部分，这三个部分形成了教育的"共生效应"，共生共长。

葡萄有自己成熟的季节，每个学生也都有自己花开的季节。教育者爱学生不是为了让学生成为自己理想中的样子，而是让他成为他自己。史密斯① （2000） 说："爱自己的学生，意味着与他们保持这样一种交往关系：不是事先决定好怎么样让他们成为我希望的样子，而是以这种方式接受他们——接受我们对于彼此的局限性，而不只是想像中的可能性。唯其如此，我们才能达到共享的真理。"否则，教育爱就可能演变成对受教育者的操纵和控制，受教育者便会成为"教育爱"的奴隶。因此，在教育过程中，教育者和受教育者"两个人变成一个人，而又仍然是两个"，教育爱是帮助受教育者找回"自我"，并进而实现自我，也就是"我引导你回到你自己"。

这让人想起一个故事 （韦苇，2005）：

印度有一个人，住在山坡上。家里用的水需要到山坡下一条小溪边去挑。他挑水用的两个瓦罐，有一个买来时有一条裂缝，而另一个完好无损。完好的水罐总能把水从小溪边满满地运回

① 大卫·杰弗里·史密斯（David Geoffrey Smith），被誉为"北美课程研究领域的领先学者之一"。其渊博的学识、敏锐的洞察力，使他往往站在学科前沿从事课程理论研究。

家，而另一个到家里时，水就只剩下半罐了，还有一半都漏在路上了。这样过了两年，完美的水罐不仅为自己的成就，更为自己的完美而感到骄傲。但那个可怜的有裂缝的水罐，则感到十分惭愧。于是，它向主人表示了自己的歉意。主人回答说："在回家的路上，我希望你注意看看小路边那些美丽的花儿。"当上坡时，那个破水罐看见太阳正照在小路旁边美丽的鲜花，但是到了小路的尽头，它仍然感到伤心，因为它又漏掉了一半的水，于是它再次向主人道歉。但是，主人却说："难道你没有注意到，那些美丽的花儿只长在你这一边？我早就知道你有裂缝，我是在利用你的裂缝。我在你这边撒下了花种，每天我们从小溪边回来的时候，从你裂缝中渗出的水就浇灌了花苗。这山上的小路很多，但是不见有第二条小路像我们这条小路这样，有一边是开满了鲜花的，不是吗？"

完美的水罐为自己的完美感到骄傲，而那个天生有裂缝的水罐则自卑、惭愧。挑水的人却有一颗博爱而浪漫的美好心灵，他不但不嫌弃有裂缝的水罐，反而利用它的裂缝，令小路上开满了鲜花。

每个孩子都如同故事里的水罐一样，是独一无二的。教育者应该同挑水人一样，让每个孩子都能得到最优的发展。但是，很多时候，"学校和文化，把脑袋和身体分开。他们告诉孩子：不要用双手去想，不要用脑袋去做，只要倾听不要说话，了解但毫无喜悦，只有在复活节与圣诞节的时候，才去爱和惊喜。他们告诉孩子：去发现早已存在的世界，而一百种当中他们偷走了九十九种。他们告诉孩子：工作与游戏、真实与幻想、科学与想像、天空与大地、理由与梦想，不是同一国的。因此他们告诉孩子，一百种并不在那里。孩子说：不，一百种是在那里。"（爱德华兹等，2006）

为了成就"一百种"孩子，我们最重要的任务是识别、尊重并且培养孩子自然而独特的个性特征，我们提供肥沃的土壤，让他们优秀的种子发芽成长。"识别和尊重"意味着承认受教育者在个性、知识水平和智力程度等方面的差异，"培养"意味着因材施"爱"，一把钥匙开一把锁，提供"肥沃的土壤"意味着为受教育者创造适宜的环境，提供各种选择的机会。最终，帮助孩子发现自己的内在力量，以应对生活的挑战并充分发展自己的潜能，进而实现教育的"无为之教"。以往，教师拿着一把尺子衡量一个班的学生，当遇到"朽木"，胸怀"师爱"的教师总是希望不让一个孩子掉队，于是，抱着"我是为了你好"的理由试图拔苗助长，结果使得很多学生成了学习的"包身工"。为此，国际知名的人际关系和沟通专家格雷博士（2006）提出了"积极养育的五个原则"，其中之一是"与别人不同没关系"。

这一切，就如日本大正时代的童谣诗人金子美铃（2018）《我和小鸟和铃铛》这首小诗所写的一样：

我伸展双臂，

也不能在天空飞翔，

会飞的小鸟却不能像我，

在地上快快地奔跑。

我摇晃身体，

也摇不出好听的声响，

会响的铃铛却不能像我，

会唱好多好多歌。


铃铛、小鸟和我，

我们不一样，我们都很棒。

# 第三章 域的视角：营造系统生态

# 第一节　共生·平衡·融合

何为生态系统？生态系统指在自然界的一定空间内，生物与环境构成的统一整体。在这个统一整体中，生物与环境之间相互影响、相互制约，并在一定时期内处于相对稳定的动态平衡状态。生态系统的范围可大可小，相互交错。例如，太阳系就是一个生态系统，太阳像一台发动机，源源不断地给太阳系提供能量；在地球上，最大的生态系统是生物圈，最为复杂的生态系统是热带雨林生态系统，人类则主要生活在以城市和农田为主的人类社会生态系统中。其中，人类社会的教育形态与人类社会文明进程的演变总体保持一致，即人类社会走过了原始文明、农业文明、工业文明三个阶段，而教育也完成了从非形式化教育、形式化教育到制度化教育的转变。如今，人类已经迈入生态文明时代，教育也逐渐构建起了一种可持续发展的生态系统。

---

## 教育生态系统的特点

人类社会生态系统随着人类文明的不断发展，形成了这样一种生态文明：以尊重和维护自然为前提，以人与人、人与自然、人与社会和谐共生为宗旨，实现人、自然和社会相互依存、相互促进、共处共融的美好愿景。与人类社会生态系统相同，教育生态系统也具有多样性、共生性等特性，它倡导系统内各个有机体的共生、平衡和融合。

首先，教育生态中的"生"代表了生命、生存，根据生态系统特点，我们理应尊重教育生态系统中的每一个个体，做到共生、共存。无论是自然生态、社会生态还是教育生态，丰富化、多样性不仅是生态系统存在的条件，而且也是生态系统的价值取向。教育生态系统的多样性体现在人的个性上。从哲学角度来说，个性是生命价值的本质体现。习近平总书记曾提出，努力让每个孩子享有受教育的机会。因此，当下教育的使命是要让不同的人变得更加不同，并非让不同的人变成相同的人。那么，如何让不同的个体共生于教育生态系统？怎么做到教育的丰富化、多样性呢？让不同的人变得更加不同，无法在一种课堂、一本教科书、一种培养模式里实现，它需要营造一种提供可选择性的教育生态，进而带给学生、教师、学校更多选择。比如，新一轮的课程改革就给高中提供了一种不一样的教学制度，随着选修课的比例增加，相对应地减少了必修课的比例。此外，不同的课程制度、管理制度、文化制度也给学校带来了无限的发展空间。

　　其次，如果说生态系统在一定时期内处于相对稳定的动态平衡状态，那么教育生态系统更是如此。教育生态系统作为一个特殊的生态系统，只有维持好教育生态平衡，才能促进教育事业健康发展。中国传统文化讲究和谐与平衡，尤其是道家提出的"五行"学说，解释了万千生态平衡的本质。在教育生态系统中，一所大学、中学或者小学，是一个多个群体之间相互制约、相辅相成的生态系统；即使是教学这件事，也可以是一种微观的生态系统，教师和学生是这个小的生态系统中的两个要素，他们之间的平衡实际上就是教与学的平衡。

最后，"融合"是实现教育可持续发展的前提。当今国际社会已广泛认同可持续发展观，可持续发展战略将影响社会生活的各个方面，教育也会直接、间接地影响全社会的可持续发展。人类与其生存的社会环境的可持续发展，要求教育系统自身的发展应是一种可持续发展。

## 教育生态中的命运共同体

近年来，习近平总书记多次提到"人类命运共同体"。那么，何为"人类命运共同体"？这是在世界多极化、经济全球化、社会信息化、文化多样化的背景下提出的，"人类命运共同体"中的各个成员要共克时艰、同舟共济，分享共同利益，要同呼吸共命运。从生态学的角度来说，习近平总书记所提出的"人类命运共同体"，在于从亚洲区域命运共同体、网络空间命运共同体，走向人类命运共同体。

在教育生态系统中，社会、学校、家庭或教师、家长、学生都是命运共同体。社会、学校、家庭等构成的命运共同体是整个教育格局中的主导力量，社会、学校、家庭作为人生的三大教育场所，三者相辅相成，缺一不可。可以这样认为，家庭是教育的基础，学校是教育的关键，社会则是巩固家庭教育和学校教育成果完成人的终身教育的重要保证。因此，社会、学校、家庭要规范各自的教育行为，构建有机结合的一体化教育网络。教师、家长、学生等构成的命运共同体也是一个不可忽视的存在，在学校尤其在一个班级中，三者共生共长，若是彼此间相互封闭、相互孤立，就难以维持生态平衡，更达不到融合状态。

生态系统强调对特定环境和区域内的构成要素和资源进行合理配置，优化各种关系，以使整体功能获得最大限度发挥。教育生态系统也一样，其构成要素十分多元，需要协调与平衡各个利益相关者之间的关系。因此，教育共同体需要不断地进行生态性的调适，优化共同体的制度，加强教育内外的互动与衔接，关注教育生态发展的过程和后续发展情况。

## 第二节　区域·校域·班域

美国地理学家惠特尔西（Whittlesey）指出："地球表面的任何部分，如果它在某种指标的地区分类中是均质的话，即为一个区域。"（徐国利，2011）大到国际社会、国家，小至学校、家庭，都可以被称为"域"。对此，我们选择区域、校域、班域等作为"取景框"，从实证的角度将教育生态理念放置进去进行具体考察，用以彰显教育生态系统鲜活的生命力。

### 区域的视角

一般而言，区域是一个空间概念，是具有一定范围的地方。区域具有不同的划分方法和空间大小，具有边界性；区域内的一切组成要素或管理对象之间具有相关性；在一定区域内的政治、经济、文化和社会共存，具有共生性；某个特定区域也不是孤立存在的，而是与其他区域发生着联系，具有开放性。针对以上特点，我们可以把区域看成一个系统。这个系统内外不断地进行着物质、能量和信息等的输入与输出。人及其生活的区域环境（自然的、社会的、政治的、经济的、文化的），构成了一个区域的生态系统。在区域中，人与环境相互交织、联系、共生，形成了区域的第五个特征：生态性。复合性是区域的第六个特征，复合共生体系的各个子系统之间相互作用、相互制约、相互依赖，构成了一个复杂的网络系统。

由此，我们可以这样来看待区域：区域是一个人、自然、社会高度复合的生态系统。人出生于一定的区域，生活于一定的区域，发展于一定的区域；人与区域天然地共生在一起；区域内人、自然、社会高度复合、协调有序；区域为人的全面、协调、可持续发展提供支持和保障。然而，天地之间区域众多，为展现区域的独特性，我们选择了区域教育生态理论的实践孕育之地——杭州市下城区。

下城区多年的教育生态实践探索总结出：一定区域内的教育活动实际上是一个复合多变的综合体，即一个由多种教育因子关联、糅合在一起的具有良性区域生态系统结构的整体。作为一个复合教育生态系统的区域教育，第一，区域教育具有教育性，这是区域教育的本质属性。教育不仅要使受教育者在德智体等诸方面都得到发展，还要促进教育者自己的成长，这是区域教育生态系统存在的根据。第二，区域教育具有开放性。区域教育需要与区域外广泛开展教育教学交流，为此下城区专门成立了对外交流中心，负责统筹管理系统内外的教育交流。中国杭州国际教育创新大会就是一个对外交流的品牌项目，一个重要平台，也是下城教育开放性的重要体现。区域内部则是加强教师的流动和干部的轮岗，这也是出于系统开放的要求。第三，区域教育是牵涉区域内全民生活的事业，具有广泛关联性。对家长来讲，孩子的教育关系着家庭的未来和孩子的前途，关系孩子的全面、协调及可持续发展。第四，区域教育具有局域性。从区域整体讲，区域教育的边界止于区域的边界；从区域内部讲，也存在边界概念。例如，下城教育提出的"优南、强中、快北"战略及其采取的一系列举措，有力地促进了教育的均衡、公平发展，使下城教育走向了"高位均衡、轻负高质"。第五，区域教育具有系统性。教育生态系统是一个统一的有机整体系统，各种组成要素都是属于这个有机整体的一部分，这个整体具有的总体功能大于个体功能之和。第六，区域教育还具有复合性。教育各主体、各要素及其与自然、社会、文化、政治、经济的相互交融，互生互促，决定了区域教育的全面性、复杂性和复合性。

在大自然中，各种生物都有自己的"生态位"：在某一资源维度上，一个物种能够占有一定的生态链位置，即该物种在这一资源维度上的生态位。从对这一术语的实践中，大家感受到，区域教育也需要找准自己的生态位。一是从理论上认识定位的重要性，以增加各层面定位的自觉性；二是基于区域的定位，使区域教育与区域的政治、经济、文化和社会的发展合力合拍，协调一致；三是基于发展的生态环境，确定合理科学的目标，采取正确的政策、合适的策略，设计恰当的载体和平台，促进教育的发展；四是基于教育发展的历史现实，取向日趋优质化、人本化、个别化。

与此同时，教育还需要明确自己的责任与担当。（1）执着、专注——一种信念的担当。20世纪90年代末，面对浙江省教育创强工作的要求和挑战，下城区坚持"科教兴区"战略，以建设具有中心城区特色的一流教育为目标，拉开了以效度抢占高度的征程，加速推进素质教育。进入21世纪后，下城教育凭借对内融合、对外共享等的优势，经浙江省"创强"评估验收组考评，通过了"创强"50项标准的认定，顺利通过"创强"验收，实现了创建浙江省教育强区目标；近二十年来，下城教育在改革探索道路上继续坚韧前行，以坚定的信念不懈追求着对教育本真的还原。（2）区域教育生态理论——一种理想的担当。2002 年，为适应中心城区发展的需要，基于对教育万能、教育失真，教育社会化、格式化、同质化、标准化等教育"沙化"现象的认识，下城教育提出了"营造高品质教育生态，打造高水平教育强区"的目标要求，正式引入了内含"全面、均衡、开放、可持续"等理念的"教育生态"的概念。自 2003 年以来，下城教育逐步走上了以区域教育生态理论全面统领区域教育发展的道路。（3）实践探索——区域教育的现实担当。立足本土发展，下城教育形成了"国际视野，本土行动"的区域教育风格，使得教育生态成为一种文化识别，所有的工作都以区域教育生态理论为统领，教育生态遍及下城教育的每一个人、每一个点；办学形态走向多样有序，形成多样化办学、优势互补、错位发展、差异竞争、共生共长的良好格局，文化兼容并蓄，校园各得其所，师生共生共长。

## 一张金名片——下城教育在区域中的角色

在信念、理念、现实的三重责任之下，下城教育逐渐成为下城区区域发展中的一张金名片，成为区域经济、文化的典型代表和一个不可忽视的重要角色。我们试图选择具有代表性、标志性的举措和事件，在触摸具有质感的下城教育历史纹路的过程中，找到达成区域教育角色的路径。

下城区早在 20 世纪 90 年代初就普及了学前 3 年到高中段的 15 年教育。全省高等教育也进入了大众化阶段，基础教育进入了为人的可持续发展而开展全民教育的新阶段。正是在这一背景下，下城区以创建省教育强区为契机，提出了营造高品质的教育生态系统——个体与环境、教育与环境的综合体，并认为基础教育的生态化发展，是教育生态系统可持续发展的重要条件。

学校、学生、教师是区域教育最重要的要素，也是最活跃的组成部分。人创造一定的生态环境，一定的生态环境又影响人。根据生态系统自然平衡、协调进化的思想，下城区一直致力于为基础教育营造宽松、有序、可协调的区域教育发展环境，以此促进学生、教师、学校的主动和谐发展。

下城区注重合乎生态位法则的资源整合，较早地实施了"嫁接办学"。首先，实现了优质教育的快速扩张。名校孵化出一大批布局合理、均衡发展的新名校，使更多的孩子得以进入名校，基本满足社会不同层次的教育需求。其次，缩短了学校的成熟周期。名校与弱校优势互补，各种教育资源优化组合，有效减少了教育资本。同时，新校在充分移植名校多年积淀的办学经验的基础上创出自身特色，从而更快地赢得社会承认。最后，有效减少了择校现象。"名校群"的产生使老百姓在家门口就能享受到优质的教育，使得下城区的择校热逐年降温。

此外，在推进教育均衡化、生态化发展的过程中，让每所学校处在同一起跑线上，是下城教育着力推动的一项工作，也是创建省"教育强区"的一项硬指标，是营造教育生态环境的物质基础。因此，在1998年全面开始中小学新一轮的布局调整中，下城区确立了"学校布局合理化、办学条件标准化、教育管理规范化"的目标。下城教育通过"联合、改制、撤并、帮扶、置换"

等措施，使小学由 40 所减至 21 所；各中小学、幼儿园场地实现了塑胶化、草坪化、地砖化；在全市教育系统中率先开通教育局域网，100% 的学校建立了多媒体专用教室和校园网，实现了教育信息网络"校校通"。

学生是教育之本，如何为学生营造自由成长的生态环境，也是生态教育的重要内容。应试教育是非生态、掠夺性的教育，它掠夺了学生自由发展的时间和空间，破坏了学生健康成长的生态环境。因此，下城教育在 20 世纪 90 年代就开始了清理整顿，让基础教育返璞归真。

一是把时间还给学生。时间是学生最大的资源。1999 年 11 月 1 日，浙江省教委出台《关于减轻中小学生过重课业负担的十项规定》，并设立举报电话、进行明察暗访专项督查，对违反规定的人和事，发现一起，处理一起。随即，下城区出台《关于贯彻省教委〈十条规定〉的补充规定》的减负文件，提出了取消 1—3 年级学生期中考核、低年级书面回家作业、学生寒暑假书面作业、语数外培训班等一系列减负措施；对 4—6 年级和初中 1—3 年级，要求各校严格执行省教委《关于减轻中小学生过重课业负担的十项规定》。为了保证减负能真正落实，下城区对教学质量评估方式和标准，试卷命题规范化、科学化、情感化等方面进行了大胆改革，出台了《关于加强学科质量管理的意见》《关于 1—3 年级学生学业评价的指导性意见》等。同时，还加强了舆论宣传，特别对家长，召开了专门的会议，关于减负的资料人手一份……，学生学业过重的局面，迅速得到了扭转。

二是把空间归还给学生。空间是学生自由发展的"舞台"。

在下城区教育局的倡导、支持下，全区各中小学成立了各种各样的课外兴趣小组、文体队、社团组织，学生参加的覆盖率达80%以上。在校外，学校实施了"万花筒"工程，积极组织学生开展丰富多彩的社会实践活动，还与农科所等单位建立了学农基地……，在教学上，提倡生活化，把书本知识的学习由课堂渗入到学生生活中。下城区还把信息技术课程作为拓展学生学习的一个重要渠道，对小学1—3年级、4—6年级、初中阶段的学习内容进行分层设计，做出适当的安排。有教师担心学生学会上网后，容易受到不健康信息的污染。由此，加强网德教育，就成了德育工作对我们提出的新课题。我们认识到不能因噎废食，限制学生的学习资源和学习空间。

当然，要真正实现生态教育理念，还将取决于另外一个重要条件——教师的素质。高质量的教师队伍是实现教育任务的决定性前提。他们是影响学生成长的直接作用者，教师应当既是循循善诱的教育者，也是经验丰富的社会活动家。他们必须具有高尚的人格，并能将深厚的科学文化修养与高度的社会责任感结合在一起，这样才能胜任本职工作。教师是办学之本，是教育之根，本固则枝繁，根深则叶茂。这也印证了美国教育家博比的观点："教育的品质是教师品质的反映；没有好的教师，不会有好的教育；由于教师专业的品质提高，教育才会有进步。所以说，如果教师素质精湛，即使教育体制不够理想，教育经费不敷支出，课程编制失当，教材内容欠佳，教育设备不全等等的缺点，也能因教师的努力克服，而逐一获得补救。"（谷贤林，2001）

下城教育早就意识到，营造学生生态环境，必须同时营造一个与之相适应的教师自我不断提高、完善的生态环境。如果教师的数量不足或教育教学水平较低，教育教学质量就难以提高，教育发展就缺乏后劲。如果教师队伍年龄、职称结构不合理，教学经验丰富、水平高的教师集中在一所学校或一个班级，教育生态就会失去平衡，教育就不可能健康、持久地发展。

教师队伍中，基层校（园）长、书记，对于区域教育理论和实践的发展起着推动和监督的作用。因此，发动基层校（园）长、书记的思想内驱就成为区域教育管理工作的制高点，而下城善于撬动区域教育发展思想内驱的做法也可谓成果斐然。

多年来，下城已形成集基干会、读书会、干训会及专题党课、干部理论素质测试等"三会一课一测"为主体的局本干部培训模式，对局管干部进行全方位的管理技能培训，努力提升干部的管理水平和管理艺术；开创"学习考察，异地培训"模式，在对外交流中开拓教育视野；制定《局管干部诫勉谈话和函询实施办法》《下城区教育局局管干部出国（境）管理意见》等文件，进一步规范干部管理，强化党风廉政建设；举办局管后备干部培训班，加强干部后备力量的培养；局机关实行月评季考制度，完善考评机制，提升机关干部的综合素质。通过培训，进一步解放思想、更新观念，达成精神的指引；引导查找工作措施和体制上的落后环节；引领加强教育研究，以新的教育理念引领教育改革，并为深化教育改革和又好又快地发展教育提供理论指导和智力支持。

在管理模式上，建构扁平管理的组织形式。改变系统内部结构是直接影响功能角色的举措。在区域教育生态理念下，实施

"大部制"改革，使组织结构进一步走向扁平，通过减少组织中间层次，增宽管理幅度，裁减冗员形成一种干练、紧凑的扁平型组织结构，使组织内信息传递畅通，降低管理成本，提高管理者积极性，使组织变得灵活，从而提高管理效率和效能。在这样的结构中，等级层次虽然仍旧存在，但传统组织的等级意识被弱化，每一层级对应一定的职责、权利和义务，不同层级的区别只在于权责与义务的不同，这些权责与义务同等重要，并处于平等地位，没有高低贵贱之分。民主平等的精神使组织部门与管理者之间、管理者与学生之间，区域教育各要素间形成基于主体与主体的合作共进关系。

对于推行生态教育理念的主力军——一线教师而言，首先要确立教育的"生命观"——学生并非是单一接受知识的学习个体，而是一个充满活力的生命体，他们在学校要学习，也要生活、交际、发育、成长……，要时时欣赏每一名学生灿烂的生命。教育"生命观"，正是教师教书育人等一切活动的原生点，它不仅是教育生态观的特征之一，也是营造高品位学生生态环境的核心。树立教育"生命观"，并非将口号贴在墙上、挂在嘴上就可以的。下城区从建设平等的师生关系、民主的教学氛围着手，主张树立教育"生命观"，要先从"平等""民主"四字做起。

其次是要提升"教育人"的涵养。人力资源是各类组织中最敏感、最活跃的因素，应自觉按照合乎进化论的规律成长，科学系统的"教师成长工程"呼之欲出。

在教师队伍建设中，下城区紧紧围绕专业内容和综合内容开展培训工作，为提高教师的专业素质和综合素养，于2003年4月起实施了"教师成长工程"。该工程旨在通过培训，打造人人优质的教师素质工程。

围绕教师成长工程，关注每一位教师的成长，下城区还采取了梯级名师培养、课题公开招标、名师共享制度、互助共同体、人事制度改革等一系列的举措，来达到促进每位教师成功、每名学生成长的目的。

再次是优化教师结构，实现教师结构的动态平衡。教师的学历结构在区域分布上的不平衡，职称结构、年龄结构与教育发展的不平衡，性别结构的失衡以及名师分布上的不均衡等都将影响教育质量的提高和区域的可持续发展。只有加强人事宏观调控，同时为教师的合理流动和各学校教师结构调整留下充足的制度空间，才能逐步实现教师各类结构要素的动态平衡。

在建设学习型社会的教育发展大势中，作为终身教育两大主体的学校教育和社区教育该如何形成互联、互动、相互依存的关系呢？其中，学校教育又将如何主动纳入终身教育体系，以营造自身发展的生态环境？这是区域教育发展迫切需要解决的问题。

建立终身教育体系和学习化社会，是当今我国教育改革和发展的·个重大目标。在改革和发展中，学校的办学模式逐渐由"封闭式"转变为"开放式"。在学校室内外场地、设施向社区开放之后，下城区教育局陆续出台了一系列措施。

——实行"推门进课堂"制度。家长可以进课堂听课，了解教师"教"和孩子"学"的情况，可随时向学校提出意见或建议。

——每年4月下旬，开展"大型教育超市"咨询活动。咨询活动主要解答诸如入托、入园、入学、电脑派位、民办学校招生，以及教育收费、困难家庭入学减免、继续教育培训、校园伤害事故条例等方面问题；"大型教育超市"里还有省特级教师、教坛新秀以及家庭教育专家对家长、孩子进行现场辅导。

——每年进行一次"千名教师进万家"活动。通过活动听取家长对学校教育教学及其他方面工作的意见，交流孩子教育的情况，向家长介绍学校的办学理念、办学特色等情况，对帮困结对的学生家庭进行慰问。

——每年进行"三满意"评比活动。由社区、家长、学生、区行风建设办公室、教育局对学校（园）进行评价。内容有依法行政，规范收费，师德师风，教育质量，服务学生、家长、社区等十个方面。逐渐建立社区和教育等部门评价、监督学校的机制。

"拆掉围墙，回归社会"的做法，不断地深化人们的"大教育"理念。下城在"大教育"理念的指导下，积极推进社区教育，力求让更为广泛的人群得益于教育。

第一，开发社区教育资源。2000年，区政府调动社会力量在有十万外来人口居住的乡镇，创办了占地29亩、建筑面积6720平方米的九年一贯制学校和12所幼儿园，解决了流动人口子女入学难、入园难的问题。这所学校还参与了联合国教科文组织关于"流动人口子女教育研究"的课题。当时，全区有民办中小学7所，幼儿园28所，培训类学校5所。

第二，积极拓展婴幼儿教育。2001年，下城区依托社区成立了"学前教育指导服务中心"，在全市率先启动幼托一体化工程。教育局还在全区东、南、西、北、中确立了5所幼托一体的示范幼儿园，并成立了儿童成长辅导中心、儿童感觉统合训练中心、儿童心理健康测试中心，面向社会开展各种咨询服务。

第三，建设社区教育新阵地。2002年，区政府创建了社区学院并在7个街道、镇及65个社区都分别成立了分院和市民学校。学院董事会会长由副区长担任，教育局局长任院长。社区学院的建立，使下城区整合、优化、开发社会教育资源，充分合理地利用教育资源，跃上了一个新的平台。

学校教育和社区教育构成了学习型社会的大教育体系，它们犹如鸟的双翼，互依互动。下城区通过"丰两翼"的大教育思路，使学校教育系统和社区教育系统在协同发展中做强做大，从而加快学习型社会建设的步伐。

一方面，下城区社区学院的建立和发展，丰富了教育资源，大大地拓展了学校的教育空间。各社区分院、学校都因地制宜、就地取材，开拓各种各样的教育资源。另一方面，中小学教师也深切感到"大教育"拓展了学校的发展空间，打破了以前封闭办学受到的限制。

下城区从区域层面理性地进行了区域特色的教育发展战略定位：高位高尚的教育。这样的定位是基于区域教育在杭州教育的不同的生态位，基于下城区是繁华时尚之区的战略定位，基于对教育和环境交互作用的认识，也是基于下城教育历史的高位发展。这个定位的核心是基于人的发展需要。

区域教育要成为高位高尚的教育，我们必须要引导、管理各级各类教育向"高位均衡、轻负高质"的目标迈进，为区域内各级各类学校发展出好政策、优化好结构，营造好环境，配置好资源，协调好关系，让各级各类教育和谐互生、共进共长，担当好区域教育促进人的全面、协调、可持续发展的这一主要角色。同时，又为区域的协调发展，繁华时尚之区的建设提供文化支持、人力支持和智力支持，担当好"支持者"和"参与者"角色。

## 校域的视角

与区域一样，校域也是一个空间概念，它的范围仅限于一所学校之内。如果说区域是一个复合教育生态系统，那么校域便是其中的一个子系统。美国教育学家杜威指出："学校生活只是社会生活的一部分。学校不是道士观、和尚庙，必须与社会生活息息相通。"（陶行知，2005）学校不是孤立存在的，它有各种生态背景，受社会中各种生态因素的影响。学校的办学目的、功能、内容、形态与方法等无一不受内外环境的作用和影响。

与此同时，校域也维持着自己系统内的生态平衡。尽管不同的学校有着不同的教育生态，但他们在生态教育的发展道路上殊途同归：质朴的教育目的、多元的教育行为和灵活的教育路径，构筑起了一种理想的教育生态。在这样的教育生态下，每一个学生都能感受到幸福、自由和畅快；每一个学生都拥有自主选择的权利和自我发展的空间；每一个学生都能真正像他们自己，真正成为他们自己。

习近平总书记在十九大报告中指出，要加快生态文明体制改革，建设美丽中国。他强调："人与自然是生命共同体，人类必须尊重自然、顺应自然、保护自然。""我们要建设的现代化是人与自然和谐共生的现代化，既要创造更多物质财富和精神财富以满足人民日益增长的美好生活需要，也要提供更多优质生态产品以满足人民日益增长的优美生态环境需要。必须坚持节约优先、保护优先、自然恢复为主的方针，形成节约资源和保护环境的空间格局、产业结构、生产方式、生活方式，还自然以宁静、和谐、美丽。"2013 年，温州市水心小学提出了"生态型学校"的构想，这恰恰在于试图克服校域范围内存在的教育生态的失衡问题——物质与精神的失衡，德智体美的结构性失衡，新课改要求与教师教育观念及行为跟进的失衡等，从而实现一种生态平衡，使学校和谐发展。对此，该校把教育看作一个有机的整体，遵循教育的自然规律和受教育者的身心发展规律，着力营造教育生态文化，使受教育者获得合适的教育。

唐代文学家柳宗元在《种树郭橐驼传》中谈及郭橐驼种树的基本经验是"能顺木之天，以致其性焉尔"。这句话的意思是说，要顺应树木的天性，让它自然地成长。他的一切管理措施都是按照这样的规律进行的，因此他种出来的树木葱葱郁郁，欣欣向荣。在学校里，想要学生成长，就要尊重其人格、权利、个性、禀赋和选择，尊重其个体差异和认知规律。生态型学校的构建，要求学校用生态的理念去营造学校精神文化、物质文化和制度文化，致力于打造生态德育、生态课堂和良好的教师队伍，以生态理念引领课程建设，构建"自主·分享"的课堂教学模式。基于这一系列的思考，水心小学经历了从世界观到教育观，从教师发展到学生成长，从课程到课堂，从评价到特色建设，再到打造生态环境的转变，形成了建设生态型学校的范本。近年来，学校开展了丰富而扎实的实践活动，边实践边提炼，践行生态型学校理论，彰显生态型学校理念特征。如通过"生态水心"论坛、"生态课堂"分享会等形式，追求有效有趣的课堂境界，探索自主分享的课堂特征，让学生从被动学习转向主动学习，让学生回归课程本质的学习，让学生经历多样化的学习，让教师的教学行为从限制走向开放，课堂结构从线状走向网状。又如通过"生态德育"分享会，强调品德永远走在技巧的前面，强调立德树人是学校的根本目标，倡导处处是德育，时时是德育，构建了以心理健康教育为内容、以参与体验为形式的德育课程。通过大量的实践，学校全体老师对"生态"有了深入认识。

事实上，水心小学探索生态型学校构建之路，是学校内涵发展的需要，也是教育改革历程中的正确选择。荀子在《天论》篇中说："天行有常，不为尧存，不为桀亡。"这句话的意思是说，大自然的运行是有规律的，这个规律是客观的存在，它不因尧舜是圣君就存在，也不因夏桀是暴君就消亡。因此，水心小学的生态型学校理论借鉴生态学原理，以尊重生命的价值观、自然之道的教育观与中庸之道的方法论为指导思想，系统思考学校教育问题，旨在摒弃教育弊端，回归教育本真。

在我国，有大量的中小学、幼儿园，像水心小学一样，正在开展着相关研究与实践，推动着生态教育的发展。杭州市京都教育集团学校以"运河文化"为引领，提出了"上善若水、博学笃志"的校训，"海纳百川、勤为上"的校风，"童梦养正、适性而为"的学校精神；凸显"幸福教育、适性发展"的办学理念；打造"若水文化、大美艺术"的特色品牌；达成"构建区域高品质幸福学校"的目标。学校汲取世界文化遗产——京杭大运河的文化价值，研究了"水之德""水之润""水之色"三位一体的课程体系。其中，"水之德"是学校的德育课程，它围绕"若水文化"开展人文环境建设、德育活动、校内外实践等，让校训以潜移默化的形式浸润每一个孩子的思想，并引导他们逐步内化成自觉的行为。2015 年，《浙江省教育厅关于深化义务教育课程改革的指导意见》一颁布，京都教育集团学校就根据文件内容，把"课程整合实施"放在了首位，整合德育实践活动，设计特色课程，跨学科实施教育教学活动。"水之润"这个板块是基于国家基础课程中的跨学科教学改革而来的。学校设置跨学科的文化学习主题，并整合学科教师的力量开发不同学科课程的主题教学模块，实现学校文化主题课程在各个学科教学中的渗透，促成文化主题同学科课程的内在整合。"水之色"则是学校的校本课程，它包含"水京灵大美艺术"和"水京灵实践活动"两大类五十多门拓展性课程，真正能让每个学生按照自己的兴趣"因材获教"。

十多年来，成都市玉林中学附属小学也一直行走在生态教育的路上。该校提出了"生态行走"的概念，即在践行生态教育的过程中，让生命的成长充分释放潜能、适应社会需求。这样的教育生态行走，释放的绝非是自然生命的勇力与野性，而是文明进化的创造力量。基于此，成都玉林附小以传统文化培植生命成长的"精神之根"，以生态德育孕育生命成长的"道德之魂"，以多元课程开启生命成长的"个性之路"，形成了催生生命蓬勃生长的学校教育和美好生态。该校运用系统科学的方法，建立了由礼仪教育、环境教育和心理教育三大德育生态圈组成的现代德育生态系统。它关注"人与人"的和谐交往，形成礼仪教育校本课程及相应的考核评价体系；它关注"人与自然"的和谐共处，课堂教学和课外活动渗透环境教育，环境教育与行为规范教育、社会实践活动结合；它关注"人与自我"的内在和谐，着眼于全员性的心育课程建设，全面构建学生心理档案并进行跟踪研究，把心理教育的触角延伸至家庭教育。三大德育生态圈的背后，是"育人为本""回归生活""回归自然"的理念引领，是生态教育的思想启迪：尊重生命主题的自主和谐的个性发展，创设生动、丰富和充满活力的学校教育环境，致力于丰厚生命成长的基础素质，全面开发生命的个性潜能，赢得生命主题自由、充分、持续的个性化行走。

同样，济南市舜耕小学也进行了整整十年的生态教育实践探索。在办学理念上，这所小学以所处的舜文化为根基，引领学校生态化发展；在办学方向上，这所小学也充满了生态智慧，符合办学的适切性和根植性，它研究本土文化、深化双语特色、探究生态教育的融合发展；在办学行动上，该校具有"生态定力"，能够长期坚持生态化教育的研究，发展了一支由教师、学生、家长共同组成的生态团队；在办学成效上，该校追求生态发展，注重每一个生命个体的发展。

对于这类学校，我们姑且把这个群体定义为"生态好教育"，这或许是对教育生态最朴素的一种表达。而在一个好的校域范围中，一定有好的校长、好的教师、好的学生和好的家长。

## 班域的视角

从"域"的角度出发，班域和区域、校域一样，也凸显了其特定范围内的地位、特征、功能及教育角色、责任。常常有人把一个班级比喻成一个园地，集体里的每一个学生就是园地里的花草树木，只有园地有了良好的生态，花草树木才会健康地成长。在教育生态学的视野中，一个班级就是一个生态系统，要想使班级保持生态平衡，就需要想方设法让个体在班级里得到充分的发展，让个体都能感受到愉悦和幸福。

2014年，杭州市安吉路实验学校"503班现象"引发了一大波教育同行的思考——如何在家校合作中建立良性"教育生态链"。家长们最初结合自己的爱好、特长进班上课，后来又结合孩子的特点开发主题性"家长课堂"活动。短短几年，家长们形成了这样一个传统：每周三下午第三节课进班给孩子们上课，每周和孩子们一起阅读一本由班主任推荐的图书，每个月在班级群里开展一次"家长课堂"活动，每学期参与数次亲子活动。503班的32名学生还被分成7组，由7个家委会成员分别担任组长。组长们及时了解孩子的需求，并帮助他们解决生活和学习上的困难。503班的家长有一个共识，就是家委会不能只是"一团和气""走过场"，而是要形成一股合力。因此，在503班，家长、孩子和教师之间，没有相互猜忌、指责、防范和埋怨，只有彼此信任、宽容、理解和尊重。在班主任刘发建看来，一个良性的集体就如同一个健康的生命，它是一个完整的系统。虽然系统里难免会有这样那样的问题，但生命本就有一个自我调整、自我恢复的机能。最理想的做法就是让身体中的每一个细胞同心协力，503班的"家校同心教育共同体"无疑发挥了这样的内驱作用。

受杭州市下城区长期以来坚持的区域教育生态理论创新与实践的启发，杭州市滨江区钱塘帝景幼儿园也尝试运用了教育生态理念。他们以班域为单位，进行了绿色"生态课堂"的探索：在班域范围内，教师和幼儿和谐、平衡地开展各项活动。从生态学角度来说，"生态课堂"是课堂内人与环境相互依存、良性循环的课堂，其生态因素包括人、物质和精神。三者之间互相依存，相互制约，呈多向互动关系。它是以人为本的课堂，关注人性，突出发展，充满活力，是幼儿成长的乐园；它是由认知领域到生命全域，是教师、幼儿与教学内容之间对话的场所。为了打造生态灵动的课堂，钱塘帝景幼儿园以幼儿发展为课堂主旨，以还原教学的"生活态"为课堂基础，以创设生动的情境为课堂的模式，以多方位的体验为课堂的途径，以多元化的评价为课堂的本质，营造和谐愉悦的课堂氛围。通过探索绿色"生态课堂"，该园建立了"幼本"课堂，让幼儿成为教学活动中的主体；营造出了"生活"课堂，把教学过程还原成生活过程，把教学情境还原为生活情境，把教学活动还原为生命活动，给幼儿一个宽松、和谐、安全、自由的生态氛围，并将学习过程与生活情境、游戏情境融为一体；搭建了情境课堂，设计有情境的活动，捕捉随时生成的教育教学资源；创设了"体验"课堂，实现了幼儿的体验性学习；构建了"多元"课堂，特别是评价方式的多元化，使幼儿获得成就感，增强自信心；营造了"愉悦"课堂，给幼儿幸福的童年成为该园孜孜不倦的追求。

可见，良好的班域生态是一个自由、平等、和谐、富有个性、独立自主的学习生态环境。学生在班级中自主发展，获得关爱、机会、知识、方法、信心及帮助。与此同时，教师和学生相互关联，相互作用，教师同样获得享受、回应、提升、成就。另外，包括家长在内的各种因素共生共长，实现可持续发展。

## 第三节　家庭·学校·社会

　　教育是个系统的工程，它不仅是教育行政部门或学校的事情，而且是一个由家庭、学校、社会组成的共同体需要肩负的责任。这一节主要分析在这个教育共同体之中，家庭、学校、社会应各自承担的责任和义务。

---

### 家庭是教育之源

　　父母是孩子的第一任教师，家庭教育是促进孩子全面发展的基础。人的成长过程是一个极其复杂的过程，学校、家庭、社会三者的影响同时存在。如果说教育为树人之本，那么家庭乃教育之源。家庭教育贯穿人的一生，它既是日常教育，也是终身教育。

　　在人类社会发展之初，家庭教育曾先于学校教育独自担负着人类文明进步的重担。随着经济与社会生产力的发展，学校教育的功能日益增强，使得原本在儿童成长过程中起决定作用的家庭教育的作用日趋减少。事实上，我们应该看到，任何一个教育对象都是来自家庭，首先接受的是家庭教育。孩子认识世界、了解世界、走向社会，是在父母的指引和教育下开始的。那些来自父母的声音早已在潜移默化中融入了孩子的血脉，润泽着孩子的精神世界。父母的教育已成为孩子的思想乃至生命的一部分。

　　所以，当孩子在人生的道路上感到迷茫时，父母应积极地进行点拨；当他们受到挫折时，父母应给予贴心的安慰和鼓励。尤其是与孩子最亲近的妈妈，更要与时俱进，不断学习新的教育理念，以自身的言行去影响孩子，去教育孩子。因为妈妈是孩子最信任的"老师"。在孩子成长的岁月中，妈妈的一举一动都会印在孩子的内心深处。有时候，妈妈无意间的一个动作、一句话都能影响孩子一辈子。所以，要想做一个好妈妈，平时就应注意自己的一举一动、一言一行。只有这样，才能给孩子树立起良好的榜样，让母爱伴随孩子终生。

母亲提供给孩子的更多的是温情和舒适感；而父亲则为孩子提供力量、支持与依靠，父亲对孩子的影响主要表现在品格养成、智力发展、社会心理发展等方面。

近年来，随着《爸爸去哪儿》等亲子节目的热播，我国关于父亲角色的话题不绝于耳。事实上，孩子成长过程中缺失父爱，是我国家庭普遍存在的状况。世界卫生组织研究发现，每天和父亲相处两小时以上的孩子往往智商更高，男孩看上去更坚毅，女孩成人后更懂得与异性交往。可见，父亲在孩子性别角色的认知、智慧的培养、性格和能力的形成等方面都具有不可替代的作用。

只有在父亲和母亲共同参与下的家庭教育中，孩子才会较好地认识和建立性别角色。在朝夕相处的家庭生活中，通过日复一日、年复一年的观察和比较，男孩会观察、模仿父亲的语言和行为，逐步具有"男子汉""大丈夫"的气概；女孩则会从母亲的言行举止里掌握"温柔""可人"的女性特征。父亲越早参与家庭教育，就越能够更好地培养出孩子的优秀品质，使孩子的个性更加全面地发展。和母亲相比，父亲可能会更加理性、逻辑性强、思维活跃，因此父亲和孩子在一起总是玩一些运动性、技术性、智能性较高的游戏（如轮滑、拼图、做模型等）。在游戏中，父亲又会以自身特有的男性特征，如坚强、自立、勇敢等影响孩子，让孩子在玩耍中学会坚持、思考、进取、合作等品质。

说到底，无论是父亲还是母亲，在家庭教育中都是同等重要、必不可少的。常言道：知子莫如父。因为孩子在家庭生活中呈现的是最自然、最真实的状态，他的思想状况、优缺点、个性特征在父母面前一览无余。父母都有机会通过日常小事抓住每一个契机对孩子进行有的放矢的教育。所以，父母比任何人都更全面、更深刻地了解自己的孩子。

## 学校的教育使命

美国前总统奥巴马曾经在美国开学日发表了一篇名为《我们为什么要上学》的演讲，他对孩子们这样说——"你们对自己应尽的责任是发现自己的能力所在，而教育能够提供这样的机会。""不论你的生活志向是什么，我敢肯定你必须上学读书才能实现它。你想当医生、教师或警官吗？你想当护士、建筑师、律师或军人吗？你必须接受良好的教育，才能从事上述任何一种职业。你不能指望辍学后能碰上个好工作。你必须接受培训，为之努力，为之学习。"

人，为什么要上学？换句话说，我们为什么需要接受教育？尤其是为什么需要"学校"作为载体来实施教育工作？

教育起源于人类社会产生之初，是人类的生产劳动和社会生活的需要。中华文明源远流长，而教育的起点，则可追溯至远古的原始社会。（李家成，2004）随着早期人类的产生，教育活动就在中华大地上萌芽了。学校产生的必要条件，按最通俗的道理，一是要有人来学，有人来教；二是要有所可学，有所可教。随着生产力的发展，人类知识水平的提高，以及社会形态的变化，教育内容逐渐丰富，尤其是那些不能在生产和生活过程中完成的教育任务，必须要有专门的场所或机构来从事教学。特别是文字的产生，大大促进了经验和知识的积累，也改变了原始的教学形式。由此，学校教育的产生就成为必然。

当学生身处于学校之中，他要从老师或前辈那里学习有关社会的规章制度和准则，要学习适应社会的各种规则，其中就包括语言文字、风俗习惯、行为准则、文化艺术和相应需要熟练运用的知识及能力。学生在学习这些技能的同时，还必须保证自己至少具备最基本的基础知识，因为只有这样，他们才有可能使自身能够从容地在社会中立身处世。如果他们不掌握自己的语言，没有熟练运用语言的能力，就不可能很好地融入社会生活；如果他们不能正确计算和阅读文字，就很难找到一份心仪的工作；如果他们不了解社会的规章制度，甚至不懂最基本的法律法规，那么就不能切实维护自身的合法权益……，这样的例子还会有很多。总而言之，学生在学校中的学习在一定程度上保证了他们日后在社会中能有所作为。

当学生掌握了上述的基础之后，还应该了解一些相应的社会知识和能力，以保证他们在社会生活中的发展。由此可见，学校除了教授基础知识外，还有助于确保社会维持其规章制度。

当我们身处学校之中，我们就有更多的机会去学习和认识这个世界。当我们学到的越多，对世界了解的越全面，我们就能更好地理解身边的人，就能成为一名优秀的公民，为国家的发展和繁荣贡献力量。我们只有更了解自身的文化和语言，才能更好地发扬和传承优良的品质，才能更自信地选择奋斗的方向。这些与学校教育是密不可分的。

随着计算机技术的不断更新及知识体系的日渐扩大，人们对知识的学习不能仅仅停留于某一阶段或层次上，而是要源源不断地更新、充实，才可能不被时代抛弃。在社会发展的新阶段，国际 21 世纪教育委员会提出的"学习社会"是建立在获得知识、更新知识、应用知识这三者基础之上的。由此可见，一个能够拥有知识，并且能够不断更新和运用知识的人，才会在未来社会中立于长效发展的不败之地。然而，更新知识的基础则在于具备更新知识的能力，但这种能力并不是天生就有的。具备这一能力的先决条件是具备系统的知识，只有这样，我们才能准确地处理大量的知识信息，才能在不断处理信息的过程中形成能力。当然，要掌握这种系统知识则主要依仗于学校教育。在信息社会，知识的飞速更新，需要人们不断地学习。

## 社会的责任

随着社会的发展，社会教育的地位和作用越发显得重要，尤其在信息化、数字化的当下，各种网络在线学习平台充斥着我们的生活，如极客学院、MOOC 学院、可汗学院等。一次性受教育的教育观念已远不能适应时代的要求，继续教育、终身教育等观念日益受到重视。现代社会正在成为学习化社会，要学会生存，就要学会学习。未来的文盲不再是目不识丁的人，而是不会学习的人。教育成为每个人的权利，成为每个人的终身事业。符合社会发展需要的教育活动的广泛开展，已成为各国教育事业蓬勃发展的重要一环。其对于不断提高劳动者素质，普及先进科学技术，建设高度精神文明，推动现代社会发展，丰富现代社会生活，都发挥着重要作用。可以说，现代社会离不开社会教育，教育促进了现代社会的发展。

教育是一个系统工程，需要全社会的关心和支持。学校教育作为教育的组成部分，固然十分重要，但毕竟不是人生所受教育的全部。"活到老学到老"，一个人的成长最终要在社会实践和自身的不断努力中来完成。要提高教育质量和教育水平，不仅要加强学校教育，而且要充分发挥社会和家庭的重要作用，广泛调动社会各方面的力量参与教育。

早在秦汉时代，社会教育就和学校教育、家庭教育一起对规范社会秩序、促进社会发展发挥了重要作用。今天，我们要提高人们的文化知识水平，提高教育质量，同样需要社会教育和家庭教育的密切配合。教育需要社会上方方面面的支持，尤其应综合管理新闻出版、宣传、公安等部门，多管齐下，为青少年的成长营造良好的社会环境。教育部门与社会各部门密切配合，加强对青少年的爱国主义、集体主义和社会主义教育。社会教育的有关团体、组织和机构，也应充分发挥对辖区内所有居民的社区教育职能。

如今，整个社会越来越趋向于一种认知：教育并非一方孤岛，唯有既立足学校教育，又重视社会环境、家庭环境对教育的影响，才能营造出一个"学校、家庭、社会"三位一体的教育共生互惠的"大教育"体系。

第四章　教育基因：让不同更不同

# 第一节　信仰与价值

从本质上看，基因是具有遗传效应的 DNA 片段。基因有两个特点：一是能忠实地复制自己，以保持生物的基本特征；二是能"突变"。如果把基因的本质和特点迁移到教育中来，会发现教育也是有基因的。教育理念、教育信仰、教育价值、教育文化等都会影响教育走向，它们都是教育的发展基因。教育的基因是一切教育行为与教育追求的内核，教育目的能否达成与其基因息息相关。坚持不同的教育基因，教育会呈现出不同的发展态势。信仰与价值、文化、制度、组织是影响并控制教育形态的基本遗传单位，即教育的最主要基因。这一节，主要探讨信仰与价值的内涵，揭示信仰与价值这一对基因对教育的现实影响。

---

## 生计无着，遑论享乐

澳大利亚曾经出现过一个野蛮民族，族人不分男女老幼，个个孔武有力，赤手空拳也能和狮虎搏斗。残暴的性情加上天赋的力量，令其他弱小的族群长期生活在他们的欺凌之下。但后来这个民族是澳大利亚所有少数民族中最先灭亡的一个。听说，有人查出这个民族传袭着一种奇怪的信仰——禁止洗澡。他们认为身体的污垢是神赐的礼物，若是加以洗净，力量就会消失，形同软弱的兔子，毫无反抗之力，只能任敌人宰割。于是，几个弱小的民族联合起来，在一个风雨交加的夜晚，将暴涨的河水引进他们居住的洞穴。果然，突如其来的河水，令他们发出惊慌的哀号，一时之间，他们仿佛失去了所有的力量，一个个瘫倒在地。当一把把石刀刺进他们的胸膛，他们却在相信力量已经完全消失的心理因素下，不做任何抵抗。研究人类学的专家说，信仰能使人拥有力量，信仰也能使人失去力量。（一品，2007）

那么，什么是信仰呢？信仰是一个人做什么和不做什么的根本准则和态度。信仰是主体超越现实、超越自我、追求最高价值的自我意识，是对具有最高价值的对象高度信服、敬仰、向往、追求，并以之统摄自己的精神生活，作为自己精神寄托的思想倾向，是主体对终极价值的追求。

谈到信仰，自然而然地就会想到价值。在哲学上，价值指人的需要与事物属性之间的特定关系，也就是事物对人的积极意义。人们说一个事物有价值，意味着这个事物能够满足人们的某些需要。比如：煤、石油的价值在于能为人们生活、生产提供能量；水的价值在于能为生命体的生命活动提供支持；书籍的价值在于开拓人的视野，丰盈人的精神，传承人类文化等。一个人对客观事物的意义、重要性的总评价和总看法，称为价值观。对诸事物的看法和评价在心目中的主次、轻重的排列次序，就是价值观体系。价值观和价值观体系是决定人的行为的心理基础。

古语有云："生计无着，遑论享乐。"这句话的意思是生计都没有着落，哪里谈得上快乐。这是就现实生活而言的。同理，在一个人的精神世界中，如果没有基本的信仰，他的行为就失去了精神支撑，价值追求又从何谈起？

一位黑人母亲带女儿到伯明翰买衣服。一个白人店员挡住她们，不让她们进试衣间试穿，并傲慢地说："此试衣间只有白人才能用，你们只能去储藏室里那间专供黑人用的试衣间。"可这位母亲根本不理睬，她对店员说："今天如果不能进这间试衣间，我们就换一家店购衣!"女店员为留住生意，只好让她们进了这间试衣间，自己则站在门口望风，生怕有人看到。那情景让女儿感触良深。又一次，女儿在一家店里因摸了摸帽子而受到白人店员的训斥，这位母亲再次挺身而出："请不要这样对我的女儿说话。"然后，她对女儿说："康蒂，你现在把这店里的每一顶帽子都摸一下吧。"女儿快乐地按母亲的吩咐，真把每顶自己喜爱的帽子都摸了一遍，那个店员只能站在一旁干瞪眼。

面对这些歧视和不公，母亲对女儿说："孩子，记住，这一切都会改变的。这种不公正不是你的错，你的肤色和你的家庭是你不可分割的一部分，这无法改变，也没有什么不对。要改变自己低下的社会地位，只有做得比别人更好，你才会有机会。"从那一刻起，不卑不亢成了女儿受用一生的财富。她坚信只有学习才能让自己获得知识，做得比别人更好；学习不仅是她完善自身的手段，还是她捍卫自尊和超越平凡的武器!

后来，这位出生在亚拉巴马伯明翰种族隔离区的黑丫头，荣登《福布斯》杂志"2004年全世界最有权势女人"宝座，她就是美国前国务卿赖斯。赖斯回忆说："母亲对我说，康蒂，你的人生目标不是从'白人专用'的店里买到汉堡包，而是只要你想，并且为之奋斗，你就有可能做成任何大事。"（孙剑 等，2007）

这个故事告诉我们现实是无奈的，但这并不意味着，我们就因此丧失了一切选择的权利。在歧视和不公面前，我们还可以选择坚守信念，坚持理想。这种信念和理想，就是我们要坚持的信仰。有了信仰，就要为之奋斗。只有坚持信仰，才能让自己的价值得以体现。正如赖斯的母亲所说："只要你想，并且为之奋斗，你就有可能做成任何大事。"

因此，信仰是人生最根本、最重要的价值源泉，是人生最神圣、最崇高的意义追求，是人生最认真、最彻底的生命抉择。不同价值体系的信仰表达不同的人生价值观，支配着不同的人生轨迹，实现着不同的人生价值。

## 速朽的时代

我们碰上的，刚好是一个物质最丰硕而精神最贫瘠的时代，每个人长大以后，肩膀上都背负着庞大的未来，都在为一种不可预见的"幸福"拼斗着。……当我们"进步"太快的时候，只是让少数人得到财富，让多数人得到心理疾病罢了。

这是朱德庸在《大家都有病》一书的扉页上所写的一些话。当下社会，涌动着一股急功近利的暗流，这是社会转型期必然要遭遇的。现代人越来越讲究速度和效率：排队要"加塞"，走路习惯闯红灯，创业希望能够一夜暴富，连爱情也可以瞬间速配……。《人民论坛》曾刊文指出，在当前中国，有八种不良社会心态值得关注，排在首位的是"浮躁"。因为过于浮躁，整个社会似乎被安装了"快进键"，"快"成了现代人生活的主旋律，人们失却了原有的儒雅、从容和淡定。

在这样的背景下，教育也无法独善其身。受种种因素的影响，教育存在各种冒进的现象。比如：教育改革急于求成，教育质量俗化为"分数"和"升学率"；家长追风"提前教育"，制造出一大批"反季节儿童"；将道德教育简化为"加减法教育"，使得文明习惯的养成变成"搞运动""喊口号"；师德问题饱受诟病……

不可否认，我们正处在一个"速成"的时代，同时也处在一个"速朽"的时代。速成的东西压缩了时空，忽略了过程，多半急功近利。由于它违背和践踏客观规律，势必要遭到规律的报复。因此，速成往往会导致速朽。教育也是一样，其信仰也会在"速成"中崩塌。

## 教育定力

法国有一位乡下老太太，从 1947 年开始从事手工制作织带的工作，并摸索出一套独特的工艺。可可·香奈儿（Coco Chanel）指定她来制作香奈儿公司高级定制礼服的织带，这个传统延续多年。老太太终日割草喂马、衣着俭朴、物欲低下，她从没见过香奈儿的服装款式，可是每次她织出的织带都会让香奈儿的设计师们惊叹不已。这是因为在经年累月的劳作中，老太太对织物的敏感早已融入血液中，只要借助面料的质感和花纹，她就能与那未曾谋面的设计瞬间达成沟通。每一次，她只要看到香奈儿公司送来的服装面料，就知道该把织带做成什么样子。她会先把面料拆散，把不同颜色的经纬线分别抽出，再重新组合，然后用她自己发明的一种木头织机，做出独一无二的织带。（王迩淞，2011）

相比之下，同样是织带，老太太织几条织带需要几个星期，现代化的高速织机吐出成捆成捆的织带却只需要几秒的时间。不过，两者迥然有别，前者沉静浪漫，匹配的是几十万一套的礼服，华贵而弥久；后者却机械艳俗，匹配的是批量的服装箱包，廉价而速朽。所以，法国老太太的技艺依靠积累、源于传承，并不是能瞬间取得、想要就有的。也正是凭借这种在时光的洪流中岿然不动的精神定力，香奈儿等奢侈品牌才得到了顶级的物质回馈和价值认同，历久弥坚。

如何才能让教育的信仰和价值走出"速朽"的桎梏？最好的办法就是静下来，保持教育的定力。只有慢下来，才能静下来。慢是为了走得更快，静则是为了以静制动。慢与静，实际上是定力的彰显。定力是建立在慢与静的基础上的，就像打太极拳一样，气沉丹田，神聚气敛，然后产生一股缓缓的热流。

从字面上讲，定力是一种恒定且稳定的力量。美学家朱光潜认为，人因持守而变得美丽。企业家王石也认为，衡量一个人的价值尺度，不仅在于他的能力高低，更在于他的定力如何。要学成一门技艺，练就一身本领，需要有定力。从文者有定力，才能静下心来，博览群书，潜心研究，有所成就；习武者有定力，方可克服困难，冬练三九，夏练三伏，练就一身高超的武功。在这个社会节奏变化快、教育理论层出不穷、教育观念不断更新的时代，从教者也需要有定力，这是教育信仰与价值积淀成形的必然。

## 第二节　文化与课程

　　文化包括我们生存其中的社会的所有有形与无形的、过去与现在的产物。通过文化，我们可以理解世界，甚至可以创造世界。在教育范畴中，文化是教育的重要基因之一，直接影响着教育的气质面貌及内在。而课程则是一种文化基因。如果把办学比作城市建设，那么学校课程就是城市建设规划图，规划图决定着城市的整体面貌，呈现着城市今后几年乃至几十年的面貌。这一节着重分析教育文化生成与内化的方式，以及课程文化对学校发展的影响，以此认识教育发展背后必然的文化信息、文化标识和文化密码，启迪教育应有的文化思路和文化自觉。

---

### 如何理解文化？

　　在《辞海》中，文化被解释为：人类所创造的财富的总和，特指精神财富，如文学、艺术、教育、科学等。其中既包括世界观、人生观、价值观等意识形态的部分，也包括自然科学和技术、语言和文字等非意识形态的部分。文化是人类社会特有的现象，由人所创造并为人所特有。

　　中国共产党第十七届中央委员会第六次全体会议通过《中共中央关于深化文化体制改革推动社会主义文化大发展大繁荣若干重大问题的决定》指出："文化是民族的血脉，是人民的精神家园。在我国五千多年文明发展历程中，各族人民紧密团结、自强不息，共同创造出源远流长、博大精深的中华文化，为中华民族发展壮大提供了强大精神力量，为人类文明进步作出了不可磨灭的重大贡献。"这表明文化对于人类发展有着极其重要的意义。因此，理解与认识文化和教育的关系，明确教育与文化之间的距离是教育发展的关键一环。

文化是什么？它是一个人面对成功或失败时的一颦一笑、一举一动；是一个人与他人相处时的一点一滴、一言一行。它是一种习惯，一种行为方式，更是一种精神境界。

文化，就在我们寻常的生活中，它体现在人的自觉行为上。从这个意义而言，文化是客观存在的，如生物学里的基因、物理学里的中子和电子；文化是相对的，在比较中才显现出来；文化是无处不在的，犹如"水中之鱼"，整天在水里却感觉不到水，跳出了水才能感觉到水。

文化可以做什么？它可以让我们打开自己的内心，走出属于自己的世界，使我们找到心灵的归宿；它能使原本分离、疏远的小群体成为荣辱与共、相偎相依的大群体。作为一个人，我们也许原本是孤立的、分散的，而文化就是那精神纽带，将我们紧紧地联系在一起，由此，社会才有了更多向前的动力。

文化的黏合作用就是一种"力"，一种强权做不到的"力"，我们称之为"文化力"。它有引导、凝聚、提升、愉悦的作用，在社会生活中无处不在，无处不渗透。

回眸中国五千年漫长的历史进程，中华民族之所以历经磨难而光焰不灭，正是因为源远流长的传统文化深入中华民族的骨髓，成为我们民族的一种黏合剂、凝聚力。中国的美食、中医、武术，包括语言文字，都有文化的意蕴在里面。在知识社会到来的今天，文化仍然作为一种最强大的力量推动着时代的进步。

历史积淀下来的文化，通过传承，依旧保持它的活力和魅力。而教育作为传承文化的专门行业，与文化有着密不可分的联系。从某种程度上说，教育即文化。

## 何为教育文化？

教育文化既具有一般文化的导向功能、激励功能、凝聚功能、控制功能和品牌功能，也具有特殊的教育功能、解释功能、创造功能和辐射功能。教育文化的魅力不仅仅在于这些功能，还在于教育文化在发挥这些功能过程中形成的独特的气质和韵味。正如国学大师钱穆所言，一切问题是因文化问题而产生的，因此一切问题，也就要由文化来解决了。

纵观中国教育的发展，从20世纪80年代开始，教育改革与创新的脚步从未停息：从"应试教育"到"素质教育"，到"创新教育"，再到"和谐教育"，口号变更的背后是教育观念、教育体制的改变。这是教育文化跟进主流文化过程中对国家意志的体现，以及对社会文化势能的适应。其间，教育文化不断适应社会发展，呈现进与退、破与立的交织状态，过程中有流变，也有承袭。

在文化软实力日益成为综合国力重要组成部分的今天，"教育文化"这个词高频率地出现。并不是以前没有教育文化，更不是否定固有的教育文化，而是现在前所未有地重视教育文化的流变与承袭。教育文化所具有的先导性的时代意义，以及其时代精神的深层次内涵，决定了我们今天的教育文化所表达的时代意境。这是强化文化特有的认识、教育、伦理道德、审美等特性和功能，在继承与创新中，释放教育文化的"力"，形成主动追求"和谐"的价值取向，淬炼自身的思想观念、体制机制、管理方法等。

教育文化从大的方面来说，不但在整个国家文化发展中占据举足轻重的地位，而且是为国家培养人才的主要途径。教育文化能够反映出一个国家的政治、经济、人口等诸方面的发展现状，以及这个国家的人们对教育的态度。从小的方面来看，教育文化的差别体现在地域上。不同地区拥有不同的教育文化，这不仅是由这个区域的历史、地理、习惯等固有的因素所决定的，更是由人们对教育文化的认识、看法和理解的不同导致的。

## 教育文化要在传承中创新

对于不同的办学者、教育者来说，如果从不同的角度来理解教育文化，那么他们对待教育文化的态度、形成的观念也会有所不同。教育文化的创新点，必须在实践的过程中去发现、发展和完善。一种教育文化要内化为自身一种独到的理论观念，并作为一种教育理念鼓舞着教育者为完善教育而不断努力，除了要具有丰厚的理论知识，更要具有自己理论的精髓。这种精髓支撑着教育者不畏困难与艰险，在教育的道路上义无反顾，不断前行。

教育文化的内化需要浸润每个人的心灵，教育文化的生成需要有传承和变化并存的实践行动。

杭州市下城区从 2007 年开始便开展了"教育因你而美

丽——感动校园人物评选"的活动。这一活动倡导的是"一分耕耘，一分收获"，关注下城教育中的每一位校长、一线教职工、学生、家长。活动历经几年的完善和发展，已成为下城教育构建"高位高尚教育"的创新举措。它在传递下城教育"重心下移、服务基层"这一文化理念的同时，也表达了下城教育"善待教师、相信教师"的教育情怀及"尊重劳动、崇尚奉献"的感恩之心。每一届评选都有其内容和形式的传承与变化。在第二届评选时，增评"十大品质人物"。在第四届评选时，首次将团队和离退休教师列为参评对象，同时首次设立了视频展示候选人物事迹和通过《今日下城》由教育系统外的人士投票的方式，还首次启用校园网络直播系统，向各校园现场直播此次活动，并设立网络互动环节。为进一步表达对社会各界的感恩之心，挖掘身边更多的优秀人物和感人事迹，第五届"教育因你而美丽——感动校园人物（团队）评选"活动，还增加了"影响人物（品牌）"评选。多年的努力和实践，具有本土化的、彰显地方特色的、表达"草根"情怀的教育文化逐步成形，并作为一种教育理想内化成为下城教育者追求和坚持教育的方向与目标。

教育的发展和完善，除了要依靠在本土基础上形成的、解决本土问题的教育文化之外，更需要学习和汲取那些与时俱进的、大背景下的世界性的教育文化，并形成独特的文化标识。教育要保持生机活力和繁荣发展的势头，必须让各种教育文化在开放的环境中得以交流与发展。

下城教育在发展自身教育文化的同时，也不忘汲取外界积极的教育文化，大力开展国际教育交流与合作。2003—2013 年，下城每年都会举办中国杭州国际教育创新大会。这种全球性的教育交流彰显了下城独有的国际性的教育文化特色。

## 文化是一所学校的灵魂

学校文化在学校的发展中起到越来越重要的作用。纵观学校管理的发展历程，管理模式逐渐由"经验型管理"向"科学管理"转变。"经验型管理"是指不管是对学生的管理，还是对教师和教学的管理，校领导都是以经验为支撑；"科学管理"的标志是"校长负责制、教师聘任制"。但是，制度不是学校管理最权威、最理想的手段，制度完善和创新不能穷尽学校管理中的一切问题。因此，学校的制度建设不是治校治教的"制高点"，那么学校治校的制高点又是什么呢？我们认为要靠学校文化。

从文化的定义和特点来看，学校文化体现的是社会背景下以学校为地理环境圈，由全体师生在学校长期的教育实践过程中积淀和创造出来的，并为其成员所认同和遵循的价值观、精神、行为准则及其规章制度、行为方式、物质设施等的一种整合和结晶。其本质意义在于影响和制约学校里人的行为活动，其最高价值在于促进学校里人的发展。

学校文化对学校发展的影响，可以从学生、教师和学校本身三个方面来分析。

学校文化影响学生道德品质的形成、文化修养的提升和人生价值的取向。这种文化的影响，虽然没有像说教、书面文字来得那么直接，却是潜移默化、全面渗透、令人印象深刻的。英国教育家洛克（2006）认为："我们日常所见的人中，他们之所以或好或坏，或有用或无用，十分之九都是他们的教育决定的。人类之所以千差万别，便是由于教育之故。我们幼小时所得的印象，哪怕极微极小，小到几乎察觉不出，都有极重大极长久的影响。"现在，孩子的大部分时间都是在学校里度过的。因此，必须为学生营造良好的学校文化，通过学校文化的熏陶培养出好的学生。

学校文化影响教师对工作的态度。教师是否有凝聚力，教师在信仰上是否能达成共识、产生共鸣，都将影响教师在工作中的积极性和创造性。好的学校文化，不仅使教师有归属感和依赖感，更能让教师把学校当成自己的"家"，他们会为了这个"家"有好的发展而贡献出自己的力量。

学校文化影响着学校品牌的形成。一个学校想经得起社会的考验，想经久不衰，除了借鉴其他学校成功的文化经验之外，更重要的是要形成自己独特的文化系统。杭州市刀茅巷小学就是一个典型案例。

杭州市刀茅巷小学从 1998 年成为中华口琴协会中小学教育基地开始，一直将普及口琴艺术教育作为实施素质教育、塑造儿童健康人格的载体。每日清晨，学生斜挎一只小袋，内装一把口琴走进校园，全校师生列队操场，在一曲口琴声中开始一天的学习生活。每逢新年，"口琴音乐会"便拉开了学校艺术节的帷幕，学生们在浓浓的艺术氛围中，迎接新的一年。"一花一天堂，一草一世界"，一把口琴一所学校。从"新苗团""春芽团"到"蓓蕾团"，再到"杭州市刀茅巷小学口琴艺术团"，全校已经形成了"生生会吹奏、班班响琴声、级级有乐队、学校有乐团"的口琴艺术表演梯队。学校的口琴艺术教育在广泛普及基础上不断提高，从1999年到2011年的十几年中，学校前后组织参加过五次较大规模的国际口琴赛事，产生了较大的社会影响，各级媒体报道近三百次。2008年11月，中国第一家口琴博物馆在刀茅巷小学落成。学校还在这一年成为杭州市下城区"琴、球、书、画"特色教育集团学校。学校是杭州市首批小班化教育实验基地，经过数十年的研究探索，小班化教育成效显著，"少一半的学生，多几倍的关注""一个也不能少""面向全体、兼顾特长"等办学理念深入人心。学校先后获得省艺术特色学校、省健康促进学校、全国优秀红领巾社团、杭州市文明学校、杭州市城乡学校互助共同体先进单位等荣誉称号。

学校文化对学校发展起着统领的作用，它渗透在学校教育活动和教育领域的方方面面，体现着学校的教育精神、办学理念和价值取向，构建出丰富多彩的教育生活世界，提升了学校的办学品位，引领了学校的发展。

## 课程是一种文化基因

学校文化包括课程文化、组织文化、环境文化、管理文化等，其中课程文化最为重要，处于学校文化的核心地位。课程是学校系统的重要组成部分，是学校文化软实力的重要标志，显示着文化软实力的内涵和品格，直接影响着教育教学质量和效果，关系着人的发展和成长，也关系到学校的培养目标能否实现。

可以说，课程是学校文化的基本表现。它是学校的日常生活，也是师生的共同行为、共同表现和共同创造，是最基本、最广泛、最普遍的学校文化。它集中体现了学校的整体行为和风貌，是学风、教风、校风的综合表现。它表达了一所学校对教育教学意义的理解，对教育理想、价值和精神的追求。如果说学校教育是一个生态系统，那么在这个生态系统中，滋养生命成长的沃土就是课程文化，课程文化积淀得越丰厚，越有利于生命的茁壮成长。

## 课程文化的价值取向

从文化根源和文化发展上看，课程文化要有民族性和时代性。悠久的文化既要有自身立足、特色浓郁的民族性，又要有不断丰富发展、开拓创新的时代性。课程文化应在民族性与时代性的价值取向之间保持适当的张力。

从文化层次上看，课程文化应正确对待知识、技能和智慧，塑造人完善与自由的心灵，全面实现课程文化的育人价值。一个人心灵的完善是动态的、立体的过程，是多种层面纵横交织形成的融合体，绝不是单一的智力层面、情感层面、道德层面或智慧层面的事情。教育不是单纯的知识与技能传授，它包括人格的培养、人文的熏陶、心灵的唤醒、创造力的培养及智力的开发。课程文化要力戒狭隘的功利主义。

课程文化重在"以人为本"。从一个人的全面发展和长远发展来看，成长比成绩重要，成人比成才重要。但丁曾说过，知识不足，可以用道德来弥补；而道德不足，任何知识都无法补偿。育人性是课程文化最本质的东西。课程文化在实现其教化功能上要自觉克服"目中无人"和"重术轻人"的现象。

课程文化的最终价值在于关注生命教育，体验生命的深度与理想的高度。生命教育是对生命意义、价值的认知与提升，是课程文化的应有命题。课程文化理应关注、研究并立志解决生命过程中的一些突出问题。

浙江省云和中学的课程改革被称为"生命列车"。生命像一趟列车，教育和课程就是要护送每一趟"生命列车"抵达"成人成我"的彼岸。带着这份憧憬，学校提出了"适性发展，和而不同"的办学理念，在尊重学生差异发展的基础上构建丰富多彩的课程群，帮助学生实现"成人成我"的发展目标。

文化能提升"生命列车"的车厢温度，语文是中国文化的根基。学校打通了语文必修课和选修课的界限，构建了"荷品语文"课程群。取名"荷品"，不仅因为立校园一隅的荷塘，也因"君子荷品"与语文审美教育相融。该课程群以应用课程、审美课程为"经"，构成核心课程；以基础课程、拓展课程、研究课程为"纬"，丰富层次。应用课程以语文表达能力为核心，分层构建表达基础、表达拓展、表达研究课程。审美课程以阅读能力为核心，分层构建阅读基础、阅读拓展、阅读研究课程。为了让语文教育更有味道，学校将5层的图书大楼改造成语文创新教育基地，将传统的语文课堂搬了进来。演讲社、广播站、文学社、写作吧、国文馆、箬溪书院、小剧场等各种功能教室一应俱全。学生可以在小剧场上演高中课本上的经典剧目，在写作吧汲取创作的灵感，在国学文化长廊研究古典文学，在箬溪书院享受读书的乐趣。

"生命列车"不仅要有明确的方向，行驶过程中还要有源源不断的动力和排除万难的勇气。为此，学校构建了"知""行""悟"德育课程体系。其中，"知"系列课程的主题是"生命认知"，包含青春期教育、安全教育、励志教育等课程；"行"系列课程的主题是"生命体验"，包含养成教育、公民主题教育等课程；"悟"系列课程的主题是"生命感悟"，包含生涯规划教育、职业规划教育、励志反思教育等课程。通过激发和唤醒学生学习的内在动力，为其终身学习和未来发展奠定基础，让每一趟"生命列车"都能抵达正确而有意义的目的地，这正是该课程群所要实现的目标。

## 立足学生，构建多元的课程体系

文化是一种"人化"，课程文化建设要"以人为本"。它主要体现在以校长、教师和学生为本，其中的学生又是"本中之本"。学生在课程文化建设中，不仅要学习文化课和掌握相应知识，而且要让自己成为一个有文化内涵和文化力的人。用陶行知先生的话说："活的人才教育不是灌输知识，而是将开发文化宝库的钥匙尽我们所知道的交给学生。"

加德纳认为："如果一个人想获得深度的了解，势必要超越单一学科的范围，采取跨领域的研究方式。"多元智能理论在课程内容上强调综合化。在多元智能的教学活动中，不同学科的界限开始消失，教师个人或团体在必要的时候可以设计跨学科的单元教学。在具体的实践中，专题作业与核心知识主题课受到重视并被广泛实施。它们围绕某一主题或核心知识，运用多种智能，把各学科相关内容进行整合，使之成为体系，贯通相关学科的知识，进行研究与学习，从而达到开发多元智能与对主题进行深刻理解的目的。

多元生态课程结构：

（1）基础性课程。课程内容即国家课程标准规定的学科。实施的方式方法为贯彻课程标准，突出学生学习方式的转变。课程目标是培养学生的基础性学力，不让一个学生掉队。

（2）拓展性课程。课程内容是国家课程标准规定的学科课程的深化与拓展。课程目标是培养学生的多元智能和全面素质，发展学生的兴趣特长。

（3）探究性课程。课程内容是将探究性学习介入学校教育教学过程。建构学科探究性学习、探究性学习校本课程、探究性学习实践活动三个模块，以课程研究和典型引路的方式来推进探究性学习，建构探究性学习的若干范例和主题资源包，形成探究性学习的课程体系。课程目标是让学生会学，培养学生可持续发展的学力。

（4）隐性课程。隐性课程是除上述课程以外的一切有利于学生发展的资源、环境等。也可以说是学校情境中以间接的、内隐的方式呈现的课程，具有非预期性、潜在性、多样性、不易察觉性。如果说显性课程更多承载的是基本知识和能力，那么隐性课程更多承载的是情感态度和价值观。

自 20 世纪 70 年代"五四学制"改革实验，到 21 世纪初"三个超越"的课程观在全国产生广泛影响，再到 2014 年和 2018 年连续两届荣获基础教育国家级教学成果一等奖，清华大学附属小学一直屹立在教育改革的潮头。其中，"1+X课程"体系是清华附小课程改革和教学研究的"集大成者"。这个体系和教学思想让"主题教学"的思想从语文课堂走出来，为更多学科的老师和学生提供了更广阔的天地。近年来，清华附小的课程改革更是抓住了"核心素养"，向着帮助学生实现自我、成功生活与融入社会，从而成为"聪慧与高尚"的完整人的方向前行。

"1"指优化整合的国家基础性课程，该课程内容体现了"用教材教而不是教教材的"思想，既落实了国家规定的基础性课程，同时又超越了教材。清华附小依据国家课程标准，通过引入多版本教材、调整教学内容的重点和进度、重新设定课时长短，实现各教材的优势互补。同时，清华附小尝试将国家十几门课程，根据学生身心发展特点及课程学科属性、学习规律，以及可以迁移的方法，整合为五大领域：品格与社会、体育与健康、语言与人文、数学与科技、艺术与审美。打破学科间泾渭分明的界限，以主题、问题、概念、基本学习内容连接不同学科。此外，将学科知识和社会生活紧密相连，课内学习和课外活动紧密相连。在清华附小的课堂上，教学内容一定要紧密联系学生的生活实际，要激活和调动学生的生活积累和经验，通过主题或项目研究，使学生自主建构知识，使学习变得有趣、有用、有意义。

"X"指实现个性发展的特色化课程，形成既遵循儿童在基础教育阶段的普遍认知特点，同时又体现"清华烙印"的校本课程及学生个性化拓展性课程。课程分为两部分：一是学校个性课程。这部分课程依然沿品格与社会、体育与健康、语言与人文、数学与科技、艺术与审美五大领域展开，为有各方面兴趣和需求的学生提供学习途径与资源。除必修外，有五十多门可供学生自主选择的选修课，学校也会根据学生新需求和学校新课程资源进行不断调整。二是学生个性课程。学校从四年级开始，利用每周一次的"分层走班"学习时间，开设数学、人文、艺术三个供"学有余力、学有所长"的儿童进行加强学习的创新实验班，清华附中乃至清华大学，仍有与之对应的继续深造的机会，为这部分儿童提供了先行一步的机会。种子课程为在学习上、生活上有特殊困难的儿童，提供个性化的帮助。学生自创课程则为那些有特殊兴趣爱好的儿童，如车模专家、昆虫爱好者、书法翘楚，甚至家务能手、旅游达人等提供分享、展示的机会。每周三中午的"水木秀场、名生讲堂"就是为这部分儿童提供展示的时间。

"+"不是简单的加法，而是"1"与"X"的相辅相成，达成"1"和"X"平衡的增量或变量。"1+X 课程"中的"1"与"X"追求黄金分割比例。一方面强调基础，优化整合后的国家基础性课程要占到总课程的一半以上，即接近总课程的70%。另一方面依据学生的实际需求调整比例，留有宽裕度，使之保持一种动态的平衡。

## 第三节　制度与组织

美国经济学家诺斯（1994）认为，制度是一个社会的游戏规则。更规范地说，制度是为决定人们的相互关系而人为设定的一些制约。事实上，如果没有制度提供的秩序，人类社会就会出现人与人作战的"霍布斯丛林"。简单地说，制度就是人类社会中人们行为的准则。人们依靠制度来规范自己的行为。如果把资源看作蛋白质，那么制度就可以理解为是它的基因。同样的资源放在不同的制度下会产生不同的结果。组织是"游戏人"，是为了实现共同目标而结合到一起的群体。在教育活动中，除去精神信仰、文化浸润、制度管理以外，支撑其发展的另一种重要力量就是高效能的组织。这一节重点分析制度与组织的内涵、特征，阐述制度和组织在教育发展中不可低估的作用和意义。

---

### 制度密码

什么是制度？制度是要求成员共同遵守的规章或准则，抑或是一定历史条件下的政治、经济、文化等方面的体系，具体指在特定社会范围内统一的、调节人与人之间社会关系的一系列习惯、道德、法律（包括宪法和各种具体法规）、戒律、规章（包括政府制定的条例）等的总和。

制度在人们的生活和工作中有以下重要作用。

制度具有指导性和约束性。制度对相关人员做什么工作、如何开展工作都有一定的提示和指导，同时也明确相关人员不得做什么，以及违背了会受到什么样的惩罚。

制度具有鞭策性和激励性。制度有时会张贴或悬挂在工作现场，随时鞭策和激励相关人员遵守纪律、努力学习、勤奋工作。

制度具有规范性和程序性。制度对实现工作程序的规范化、岗位责任的法规化、管理方法的科学化起着重要作用。制度的制定必须以相关政策、法律、法令为依据。制度本身要有程序性，能为人们的工作和活动提供可供遵循的准则。

英国历史学家阿克顿勋爵讲过一个"七人分粥"（马德举，2005）的故事：

有一个由七个人组成的小团体，其中每个人都是平凡而且平等的。他们虽然没有祸害他人之心，但不免自私自利。他们想用非暴力的方式，通过制定制度来解决每天的吃饭问题——分一锅粥，但他们并没有称量用具或有刻度的容器。

大家发挥聪明才智，试验了不同的方法，经过多次博弈终于形成了日益完善的制度。

制度一：指定一个人负责分粥事宜。大家很快发现，这个人为自己分的粥最多。于是又换了一个人，结果发现，总是主持分粥的人碗里的粥最多、最稠。阿克顿的结论是：权力会导致腐败，绝对权力导致绝对腐败。

制度二：大家轮流主持分粥，每人一天。这样等于承认了个人为自己分粥的权利，同时给予了每个人为自己多分粥的机会。虽然看起来平等了，但是每个人在一周中只有一天吃得饱而且有剩余，其余六天都饥饿难挨。大家认为这种办法造成了资源浪费，有人吃撑着，有人饿着。

制度三：大家选举一个信得过的人主持分粥。开始这位品德尚属上乘的人还能公平分粥，但不久他开始为自己和溜须拍马的人多分。所以大家不能放任其堕落和风气的败坏，还得寻找新思路。

制度四：选举产生一个分粥委员会和一个监督委员会，形成监督和制约。公平基本做到了，可是由于监督委员会常提出各种议案，分粥委员会又据理力争，等分粥时，粥早就凉了。可见，如果制度效率不高，就要吃凉粥，就要影响当初制定制度时想达到的那个目的。

制度五：每个人轮流值日分粥，但是分粥的那个人要最后一个领粥。令人惊奇的是，在这个制度下，七只碗里的粥每次都是一样多，就像用科学仪器量过一样。每个主持分粥的人都认识到，如果七只碗里的粥不相同，他确定无疑将享用那份最少的。

上述五种安排，只有最后一种制度，虽朴素平实，但简洁明晰又精巧高效，委实令人赞叹。因为它具有独特的制度密码——先进适用而高效化、公平公正而民主化、奖惩分明而激励化，它符合科学的至上信念——大道至简、返璞归真，它完全达至管理的最高境界——道法自然、无为而治。好的制度对社会经济、科学技术、文化教育事业的发展，对社会公共秩序的维护，都有积极的影响和作用。

## 制度是学校管理的基石

学校是制度化的产物。制度之于学校教育的不可或缺性，在捷克教育家夸美纽斯的话中得到了鲜明体现："学校的长处全在于制度，它包括了学校发生的一切事。因为制度是一切的灵魂。通过它，一切产生、生长和发展，并达到完善的程度。哪里制度稳定，哪里便一切稳定；哪里制度动摇，哪里便一切动摇；哪里制度松垮，哪里便一切松垮和陷入混乱；而制度恢复之时，一切也就恢复。"

哈佛大学的管理理念是："让校规看守哈佛，比用其他东西看守哈佛更安全有效。"校规看守下的哈佛已成为一所世界知名大学。实践证明了制度建设的重要性。一所学校的管理，无论是思想引领还是文化立校，都必须建立在基本的制度之上，否则学校的管理就会成为无本之木、无源之水。

在一定程度上，制度决定学校的兴衰，决定学校办学的高度和跨度。学校要建章立制，切实做到依法办学、按章治校。学校一旦拥有科学合理的制度体系，就能发挥其强有力的规范、引导、激励和保障功能，维持正常的教学秩序，保障师生的合法权益，激发教师的工作热情，促进教师工作的全面发展。

在学校管理的初级阶段，制度管理显得尤为重要。这是因为一方面学校的各项管理制度尚未健全，需要有一个逐步完善优化的过程；另一方面，师生的思想和行为还没有统一，尚未达到自律的境界。这时通常要借助于制度管理，约束师生的行为，帮助他们养成良好的习惯，把遵守规章制度变为自觉行为，促进良好校风、教风、学风的形成。

在学校管理的成熟阶段，制度管理也是不可或缺的手段。因为学校是一个多种教育因素集成的复合体，制度管理涉及方方面面，师生的思想觉悟和认知水平又参差不齐，所以学校只有在严格的制度管理下，才能避免混乱。再者，事物总是不断变化发展的，制度管理亦是如此。随着教育改革的不断推进，传统的制度管理应被赋予新的内涵，以适应新形势，发挥新作用。

由此可见，制度管理应是学校管理的永恒基石，有了它才能改变学校管理的无序状态，提高管理的效能。

## 以制度创新推进教育现代化

为了深化教育体制改革，提升学校教育制度的现代化水平，2011 年 6 月，中共中央政治局审议并通过的《国家中长期教育改革和发展规划纲要（2010—2020 年）》明确提出了"建设现代学校制度"的主张。

现代学校制度指的是在新的社会背景下，适应市场经济发展和建设学习型社会的基本要求，以学校法人制度和新型的政、校关系为基础，举办者产权与学校日常管理权基本分离，学校依法自主管理，由教育管理行家负责学校日常管理，教职工依法民主参与，学校与社区中的各种组织及家长密切合作，指导和约束学校可持续发展的一套完整的制度体系。现代学校制度主要包含现代学校行政制度、现代学校资产管理制度、现代学校人事制度、现代学校财务制度、现代学校教学管理制度、现代学校教研和科研管理制度、现代学校学生管理制度等。它是规范与调节政府、学校、社会乃至市场之间的关系，调节学校与学校之间，学校与家庭之间，学校内部人、财、物、事之间等各种关系的制度体系。

其基本特征如下。

学校具有独立的法人地位。《中华人民共和国民法通则》第三十六条规定："法人是具有民事权利能力和民事行为能力，依法独立享有民事权利和承担民事义务的组织。"学校如果成了独立的法人，就相应地成了权利与义务的统一体。学校逐步地健全和完善法人治理结构，有助于权力运作的高效和相互制衡；有助于增加教育供给或学校类型的多样化和选择性；有助于在学生培养、教师教育、研究开发和内部管理等方面确立校本机制；有助于引导学校走内涵发展的办学之路；有助于为学生个性的多元发展提供制度上的保证。

建立新型的政、校关系。构建新型的政、校关系就是要转变政府对学校的管理程度、方式和内容，要把政府对学校的具体指令性行政管理转变为宏观指导性调控管理。在现代学校制度的框架内，政府管理学校应主要采用三大手段：第一，通过制定、实施法律和法规对学校进行宏观管理；第二，通过下拨经费支持学校的发展；第三，通过督导机构的督导和以中介机构为主的评估手段，对学校进行监督引导。

校本管理。学校管理机制的形成和运行、学校决策的制定、校本课程的设置与开发、教学组织形式和教学方法的采用、教师的培训、教职员工的管理、学校文化的塑造，都要从本校所具备的条件、特有的文化及所在社区的实际需要等因素出发，建立具有本校的浓厚文化特质的现代学校制度体系。

专家管理。现代学校制度能够确保基础教育领域的教育管理行家走上学校领导岗位，并为专家治校提供制度保障。作为一所现代学校的校长，必须具备以下素质：第一，具有强烈的现代意识，对教育界、科技界的前沿动态具有高度的学术敏感性；第二，具有强烈的人文精神，精通管理之术，有能力建设学习型、发展型学校；第三，具有强烈的市场意识，通晓经营之道，善于经营学校。

民主治校。民主治校是教育管理民主化的基本内容，强调教职工依法、有效地参与学校的管理。具体表现在：第一，广泛地开展宣传工作，使民主精神深入人心。第二，完善各项制度。民主议事、任免干部和聘用教师等都要依据制度，采用科学、合理、合法的民主程序来决定。第三，校内有多个部门、多个组织相互制衡。各部门、组织的产生、职责、权力、义务，都要有明确的制度来规范。

社区参与学校管理。现代学校制度鼓励学校与所在的社区中的各种组织（包括家庭、机关、社团、企业、其他学校）和自然人（包括家长）"双向互动"，我们称此过程为"社区与中小学互动"，其含义是：在社区教育和中小学教育的过程中，社区或中小学利用各种教育资源给予对方必要的支持、援助、监督，或根据对方的合理建议对所实施的教育进行必要的调整。现代意义的"社区与中小学互动"，已由人、财、物方面的互相支援发展到了影响对方的制度层面，通过外因促使内因发挥作用，引起"质"的层面即制度层面的变化。互动应坚持下列基本原则：互惠互利的原则；自愿的原则；平等、真诚、民主的原则；不影响对方的主要业务工作正常开展的原则；因地制宜、分类要求、分类指导的原则。

现代学校制度建设的探索与实践，是教育改革与发展的重要课题。现代学校制度要为教师和学生的生态发展提供强有力的保障。天津市和平区岳阳道小学进行的建立开放式校本管理和学校、家庭、社会三结合教育实验；江苏省无锡市金桥双语实验学校引进的 ISO 质量体系认证；浙江省长兴县进行的"教育券"和调动民间资本支持基础教育的实验；浙江省台州市椒江区进行的"教育股份制"实验；浙江省万里教育集团进行的现代学校管理体系实验、学校文化制度建设和新型的资本结构实验；辽宁省沈阳市部分学校和北京十一学校进行的学校转制实验；深圳实验学校进行的现代学校文化建设实验；上海市浦东新区的"小政府、大社会"以及与此相联系的社区、家庭参与中小学管理、监督及评估的实验；上海市浦东新区进才中学进行的"以法治校"和"以德治校"相结合的多项实验；北京第二实验小学进行的学习型学校建设实验等都值得我们研究。

改革开放以来，浙江省台州市椒江区经济迅猛发展，激发了全社会高涨的教育需求，特别是在基本普及义务教育之后，继续接受高中教育成为广大人民群众的迫切要求，加快教育事业发展已成为社会各界的共同愿望。

由于历史原因，椒江的高中教育相对薄弱。全区只有一所上规模的省重点中学椒江一中，且招生数只保持在 300 人左右。到1997 年，高中生入学率只有 59%。距《台州市椒江区国民经济和社会发展"九五"计划和 2010 年远景目标纲要》制定的到 2000年"高中生入学率达 80%以上"的发展目标相去甚远。这也与椒江作为台州市政治、经济、文化中心的地位极不相称，严重影响了当地经济社会发展的后劲。

面对如此严峻的形势、增加教育投入已成社会共识。但据初步测算，欲使高中升学率达到80%，仅新增基建投资就超过6000万元，每年新增日常经费总需求超过2000万元，这是现行教育财政体制所无力承担的。

一方面是迫切的教育需求，另一方面又是沉重的经费压力，怎么解决这一矛盾呢？当地经济活动领域成功实践的"股份合作制"启发了教育行政部门和地方政府，他们提出了增加教育投入的新思路：通过政策，引进民间资本投资教育，利用资本的寻利性加快教育事业的发展，于是"教育股份制"应运而生，并诞生了书生公司和书生中学。

教育股份制，是由多个投资人以股份形式联合出资设立学校，目标是建立市场化导向的多元教育投资体制。教育股份制投资额的分配是：股本金占投资总额的30%左右。在投资较大的学校中，各种股份分配一般是：所有股本＝国有股20%＋法人股55%＋自然人股25%。国有股占20%，是吸引更多法人股和自然人股加入的"定心丸"。教育股份制的组织特征是"双法人结构"模式：一个是以投资为目的的教育股份公司（书生公司），另一个是由该股份公司投资设立、独立运行的学校法人（书生中学）。公司负责筹集资金，并将筹集的资金用于创办学校，学校有独立的办学自主权，学校向公司负责，公司向股东负责。在分配上，股东只拿限定的股息，即债权化股权。

学校董事会成员由全体股东选举产生，其主要职责是对集团的经营战略、集团的投资和扩展、各个实体主要负责人的任命等重大问题进行决策。董事会成员来自各个不同的企业，对于经济领域的市场化运作有较为深刻的体验，因此在公司决策的时候，能充分考虑到资源的使用效率。同时，由于教育本身的特殊性，需要懂教育的专家参与决策，以避免民办教育的纯经济行为，公司参照国际公司的做法，设立独立董事的职位，聘请教育专家担任公司的独立董事，在公司决策中充分听取独立董事的建议，让独立董事享有决策权。

公司投资经营与学校管理经营相分离。两个法人各负其责，借助制度相互制约，以解决教育的特殊性与市场、企业运作的特性的矛盾。而政府作为最终的受益者，需对学校办学进行调控管理和政策扶持。

区政府及教育主管部门的全力支持，是椒江"教育股份制"的政策基础。区政府对书生公司和书生中学的支持政策包括：减免土地使用出让金，免收投资方向调节税，免收教育附加费；对外地应聘的教师，由教育局人事科建档和重新建档，在职称、晋升、调资等方面与公立学校教师同等对待；对书生中学高一新生的招生与公立重点中学同样对待，新生可提前录取 200 名，学校免收资助费，由教育局按公立学校预算内生均经费补给书生中学，对 200 名以后录取的学生，按每生三年补助 600 元给书生中学。

在椒江发展起来的"教育股份制"，是我国 20 世纪 90 年代以来民办教育实践中最有特色的制度创新实践之一。其最大的创新之处就是在教育需求高涨、政府投入能力不足、民间资金充裕的背景下，借鉴经济领域的"股份制"经验，在政府倡导、推动并投入"国有股"的基础上，广泛吸引社会资金投资办学。

同时，为了完善"教育股份制"的政策设计，避免资本的逐利性影响教育的公益属性，政府和学校共同谋划了"双法人制"，股东只拿股息，相当于同期银行利息。据学校介绍，大部分股东都没拿过股息，他们把这部分资金重新投入了学校。这样，公司和学校相对分离，投资者和学校管理者相对分离，公司职责和学校职责相对分离，排除了资本对教育规律和办学规律的干扰。

椒江借鉴经济领域改革与发展的成功经验，大胆地进行以教育股份制为主的筹资兴学途径，打破了国家包办教育的局面，促使"多样化办学模式"的形成。教育股份制办学模式在学校法人制度上进行了有效探索，这种渗透着草根精神的股份制模式对于发展中的中国教育来说有着重要意义。椒江股份制办学开了国内"股份制办学模式"的先河，这不仅是一种有效的资本组织方式，还为多种生产要素的优化组合提供了一个有效的制度框架，它所具有的"高效率的筹资功能；完善的法人治理结构和稳定安全的资金保障措施"等特征，可以成为中国大陆民办教育发展中一种重要的制度设计。

浙江省长兴县位于长江三角洲杭嘉湖平原，处于太湖西南岸。全县面积 1430 平方公里，辖 9 镇 2 乡，人口 63.45 万。改革开放以来，长兴县的经济得到飞速发展，先后跻身于全国综合实力百强县、全国经济百强县、全国科技进步先进县等行列。当时这个盛产白果、吊瓜子的县在经济发达的湖州市三区三县中名气并不算大，然而，一场教育改革风暴却使长兴在全国声名大振。

事情的起因还得从长兴打造教育强县说起。

1998 年，浙江省推出了旨在促进地方教育发展的"争创教育强县"计划。其中的一个重要衡量指标是看该县的普通高中招生人数与职业高中招生人数的比例是否达到了 1 : 1，此外，义务教育的入学率、巩固率也是评估的硬指标。当时长兴教育形势中的不利因素是，教育资源总体不足，民办教育发展困难，职高入学率与普高入学率的比例为 0.73 : 1。

2000 年 11 月，长兴县教育局局长熊全龙等人带着"怎样吸引民间投资办学"的问题赴美考察。当长兴考察团到达美国加州罗斯密学区时，正值美国大选前夕，全州正在对"是否实行教育券"进行全民公决。教育券（Education voucher）指的是政府把教育经费折算成一定数额的可以用作抵充学杂费的有价证券，是由美国经济学家、诺贝尔经济学奖获得者米尔顿·弗里德曼在 20 世纪 50 年代提出的"学券制"转化来的。1955 年，弗里德曼建议通过"学券制"把竞争机制引入公立学校体系，以实现优胜劣汰，促进公立学校办学质量的提高。此后，美国部分州虽然进行了教育券的尝试，但是由于教师协会的抵制，教育券的实践并不顺利。在罗斯密学区考察期间，当时负责接待熊全龙等人的学区领导人——一位日裔女博士告诉他们"公立学校能不能得到经费，将取决于学生家长是否愿意把教育券交给学校"。说者无心，听者有意。当时的熊全龙说："听到介绍，我眼睛一亮，'教育券'说不定可以派上用场。"

回国后，熊全龙等人提出借助教育券发展民办教育的构想，同时结合创造浙江省"教育强县"的目标，制定了教育券的实施方案，并于2001年9月开始发行首批教育券。就读于民办学校义务教育阶段的新生和职业类学校的初中毕业生分别领到了面额为500元和300元的教育券。中国的教育券实践就此拉开序幕，长兴也因教育券而在国内声名鹊起。

长兴的教育券实践带有鲜明的中国特色。

首先，政府投入方式不同。弗里德曼提出的学券制要求政府将所有的经费折算成教育券，学校只有通过教育券才能得到政府的拨款。而长兴教育经费的主体仍以政府拨款的形式流向公立学校，仅有部分民办学校的学生、职业中学的学生和义务教育阶段的贫困生可以获得教育券。

其次，选择方式不同。弗里德曼教育券的核心是学生的自主选择。而长兴教育券具有极强的导向性，学生的选择是在政府主导下的强制性的选择，只有选择民办教育和职业学校的学生才可以获得教育券。

再次，教育券发挥作用的方式不同。弗里德曼的想法是通过教育券形成学校与学生之间的市场调节关系，学生是消费者，学校是服务者。但长兴教育券的最终流向不是受制于学生意愿，而是取决于政府导向。政府在发放教育券时就限定了教育券的使用范围。显然，长兴教育券不仅是简单的"拿来主义"，而是结合当地情况进行了一定的改造。因此，可以说，长兴教育券制度是由长兴教育发展需求引发的制度创新。


## 经纬相交，织作布帛

什么是组织？组，绶属。织，制作布帛之总称。俗语说，经纬相交，织作布帛，也指纺织物经纬纱线的结构。这一解释应当是组织的初始意思。在现代社会中，组织指人们按照一定的目的、任务和形式编制起来的社会集团或团队，组织不仅是社会的细胞、社会的基本单元，也可以说是社会的基础。

组织的运行就像织布一样，要想织出一块华丽的布，就必须经纬相交、条理分明，这样织出的布才美观耐用。只有当组织中的成员上下一心，有共同的追求目标，并为之共同奋斗时，组织才会产生凝聚力，高质高效地完成任务。组织的特征有以下几个方面。

特定的组织目标。组织目标一般是明确的、具体的，表明某一组织的性质与功能，人们围绕某一特定的目标才能形成从事共同活动的组织团队。组织目标是组织活动的灵魂。它可以是单一的，也可以是具有内在联系的目标体系。

一定数量的固定成员。组织团队是由至少两个或两个以上的人组成的系统。组织成员是相对固定的，成员明确地意识到自己属于某一组织；社会组织如无固定的成员就失去了自身存在的实体基础。进入或退出一个组织必须按照一定的程序进行，特别是组织成员资格的取得一般要经过组织的考核与审查。

制度化的组织结构。为了实现特定的目标并提高活动效益，一般都具有职位分层与部门分工。只有通过不同职位的权力结构体系，协调各个职能部门或个人的活动，才能顺利开展组织活动并实现组织目标。

普遍化的行动规范。它一般是以章程的形式出现，并作为组织成员进行活动的依据。组织的行动规范是每位成员必须遵守的，它通过辅助的奖惩制度制约组织成员的活动，以维护组织活动的统一性。

开放的信息系统。社会组织是一个开放的系统，就每一个社会组织来说，它不仅要与周围环境进行物质、人员、信息的交换，而且还要根据与其他组织的关系，组成不同的组织体系，在更大的范围内和更高的水平上与外界环境进行各种形式的交换。一个组织如果绝对地自我封闭，组织的生命也就停止了。社会生活中实际存在的工厂、机关、医院、学校、商店等都是社会组织的具体形式。

英国科学家做过一个实验，他们把一盘点燃的蚊香放进一个蚁巢里。蚊香的火光与烟雾使惊恐的蚂蚁乱作一团，但片刻之后，蚁群开始镇定起来。有蚂蚁向火光冲去，并向燃烧的蚊香喷出蚁酸。随即，越来越多的蚂蚁冲向火光，喷出蚁酸。一只小小的蚂蚁喷出的蚁酸是有限的，因此，许多冲锋的"勇士"葬身在了火光中。但更多的蚂蚁踏着死去蚂蚁的尸身冲向了火光。过了不到一分钟的时间，蚊香的火被扑灭了。在这场灾难中存活下来的蚂蚁们立即将献身火海的"战友"的尸体转运到附近的空地摆放好，在上面盖上一层薄土，以示安葬和哀悼。

过了一个月，这位科学家又将一支点燃的蜡烛放进了上次实验的那个蚁巢里。而面对更大的火情，蚁群并没有慌乱，而是在以自己的方式迅速传递信息之后，开始有条不紊地调兵遣将。大家协同作战，不到一分钟，烛火即被扑灭，而蚂蚁们几乎无一死亡。科学家对弱小的蚂蚁面临灭顶之灾时所创造的奇迹惊叹不已。(黄少椿，2010)

其实，蚂蚁的成功就是来自它们的组织精神。对于蚂蚁这样一个弱小的物种来说，任何一个个体面对类似的灾难都是无能为力的。即便是一个数量庞大的蚂蚁群体，在无组织、无秩序的情况下应对这样的灾难，其结果也只能是全军覆没。可蚂蚁恰恰是一种组织性、秩序性很强的物种，它们依据自己的规则和方式，组成一个战斗力极强的组织，以应对生存过程中的一切问题。这正是蚂蚁这个弱小的物种能在各种恶劣环境中得以生存和繁衍的关键。这种有组织、有秩序的群体就是团队。

## 沃态团队——一种理想组织

现代社会强调团队精神，而作为国家政治经济的一个基础力量——教育，更需要加强团队建设。要办"好的教育"，办学经费、教师编制、设施设备等只是满足教育发展初级阶段需求的必备条件，在教育发展进入到相对公平、均衡、充裕的阶段后，要实现教育的可持续发展，仅凭这些物质因素无法提供足够的推动力。

那么，要实现教育的可持续发展，需要靠什么来支撑？答案是靠组织来支撑，靠高素质、专业化的教育人力资源来支撑。具体而言，就是由教育行政管理干部、校长、教师、教育研究人员及教职工等组成的各级各类组织来支撑。以人为主体，发挥人的主动性，是办"好的教育"的动力源。"沃态团队"就是我们提出的一种理想组织，它以人为主体，能充分发挥人的主动性。

## 一种全新的组织概念——"沃态团队"的提出

"沃态团队"概念的产生缘于以下三个方面。

其一，直观形象迁移。肥沃的土地有利于庄稼生长，这是一个基本常识。庄稼作为一个生命体，肥沃的土地是其茁壮成长的优质环境。如果从生命观的角度去分析某个组织的发展过程，就会发现组织与个体都具有生命体的本质特征。组织与组织中的个体的发展像庄稼生长需要沃土一样，需要润泽、适宜的成长环境。"沃态团队"直观形象地表现了团队是在一方沃土上发展起来的。

其二，文字形式规整。组织是一个"上下联动"但"有分有合"，"目标统合"但"各有特色"的团队系统。于是，从文字规整的角度，提出了"沃态团队"。

其三，契合沟通理念。沟通是联结团队成员的纽带，只有通过有效沟通，团队成员才可能增进了解和理解，达成积极的合作。良好的沟通是团队进步的润滑剂。因此，"畅通团队沟通"成为培育有效团队的主要路径之一。中国联通以活力、进取、开放、时尚为特性的全业务品牌"沃"，旨在塑造全新的品牌个性，为广大客户带来耳目一新的人性化沟通体验。受此启发，"沃态团队"中的"沃"旨在说明顺畅的沟通在团队培育中的重要作用。

2010年暑期，杭州市下城区正式确定以"沃态团队"来命名具有下城教育优势基因的集体组织，并初步提出这一概念的描述性定义。"沃态团队"是一个创造润泽、适宜的成长环境，打造敦睦、融洽的氛围的团队。"沃态团队"具备以下特点：优秀的团队领袖、共同的事业愿景、互补的成员类型。"沃态团队"作为下城教育组织基因的独特符号被明确提出来后，立即得到了专家和基层校（园）、一线校长、教师的认可和推崇，并引发了理论和实践层面的思考与实践。

2011 年寒假，"沃态团队"的内涵得到了进一步深化。所谓"沃态团队"，是指团队内部的成员与成员、成员与团队、团队与社会之间利益相系、各尽其能、各得其所、和衷共济、协调发展的一种团队形态。通过对"沃态团队"概念的理论审思以及来自实践层面的探索，全体下城教育人对"沃态团队"的各个要素及其相互关系有了更为明确的思考和表述。

2011 年，下城区教育局抓住国家级课题《以教育生态理论促进区域教育现代化的实践研究》及其八大子课题面临结题、"全国教育综合改革实验区"进入三年中期小结、建设"教育学术之区"三年行动计划已步入尾声的契机，在前两个阶段思考的基础上，对区域教育组织、队伍建设创新实践进行了全面梳理，进一步提炼阐述了"沃态团队"的定义。该定义是，在优秀团队领袖的引领下，在共同事业愿景的指引下，在充裕的专业发展资源的支撑下，团队成员能主动调适个人之间以及与团队、社会之间的利益关系，在有利社会发展、实现团队目标的前提下，互动成长、互补发展、各尽其能、各得其所的发展共同体。

下城"沃态团队"的培育不是一种另起炉灶式的特立独行，而是与教育教学实践紧密结合，与区域教育以及各个校（园）发展紧密结合，与教育者个体职业生命发展紧密结合的过程。从实践中，下城总结出了"沃态团队"培育的四种途径。

途径一：形成共同愿景。以共同事业愿景来协同所有成员的思想和行为，是团队的一般特征。所谓的共同愿景，其实是一个愿景体系。这个愿景体系的核心是打造中国特色区域教育现代化样本。各校（园）、直属单位都有各自的团队愿景，它们通过制定章程来明确各自的发展愿景，并通过制定三年发展（办学）目标来逐步达成愿景。下城区教育局督导室负责指导学校章程和发展规划的制定，下城区教育局法制办审核章程和发展规划的合法性，并通过编辑《下城区教育局校（园）、直属单位章程汇编》《下城区教育局校（园）、直属单位三年发展规划汇编》达到相互交流、借鉴的目的。下辖单位内部也在开展不同层面的"沃态团队"建设的探索。这样一来，上至下城区教育局，下至各所学校，形成了一个连续的、有组织的结构体系。为了共同的教育愿景，各单位各在其位、各司其职，积极坚持以下城区教育局提出的总要求为根本，围绕建设具有区域特色和地方特色的教育团队，积极发展好的教育。这种以教育局为统领的"沃态团队"，最终调动起各方的积极性和参与性，更加突出了一个具有共同愿景的团队所具有的凝聚力和创造力。这样的教育团队，才能发展出好的教育，培养出好的学生。

途径二：构建协同机制。下城教育在生命观的指引下开展"沃态团队"建设，探索不因团队的成长而排斥个人成长的方法，倡导通过团队成长带动和助推个人成长。因为只有个人生命价值被充分地认同与珍视，团队成员才有积极进取的不竭动力，团队愿景才能逐步实现。经过多年的努力，下城教育从纷繁复杂的观点、活动、方式、因素中不断梳理、提炼，最后把关注点集中于建立一种"个体"与"团队"的协同机制，使两者在最大限度上达到协同一致的双赢发展态势。这种态势可以描述为，个体通过团队的平台发展自己，团队通过个体的努力强大自己；个体根据团队愿景适度调整自己的职业规划，团队根据个体中出现的特长、爱好适度调整总体愿景；个体在团队愿景实现过程中拓展发展空间，团队愿景在个体职业生命的发展中实现等。

途径三：催化和谐效应。美国心理学家勒温借用物理学中"场"的概念来研究个体与群体行为。他认为人的心理活动是现实生活情境下内在心理力场与外在心理力场相互作用的结果。在同一个区域环境下，由于各方面管理机制体制的统一和特定的区域环境，客观上造成了个体专业发展不可避免地要受到群体的影响，而且这种影响也并不总是积极的。所以，从区域教育高位均衡发展的高度上统筹规划、综合考虑，要尽量避免消极因素，努力构建积极和谐的团队成长互动场。

途径四：促进团队成长。成长是生命体存在的基本特征。开展组织建设、队伍建设的目的，就是要促进人的成长。按照一般分类，下城从校长、教师、学生等人群分类的角度去谈成长会更加直观。从面向全体、均衡公平等方面来谈团队建设，可以总结梳理出四种类型的成长。一是体现下城教育人本土特质的共同成长。这首先是由沿海发达地区省会城市中心城区这样一个地理、人文特征所决定的。同时，这也是下城教育人在教育改革转型期注重研究探索，勇于实践创新，勤于提炼梳理，日积月累形成的独特专业气质。共同成长的内核，是区域教育生态理论的创生、传播和实践。二是在打造中国特色区域教育现代化样本过程中的整体成长。追求卓越是任何专业精神应具备的核心。随着区域教育的整体发展，从创建教育强区到着力创建现代化教育强区，下城教育团队也在不断攀升，在共创区域优质、均衡教育过程中得到整体成长。三是鼓励团队中个体职业生命臻于完美的差异（特色）成长。差异（特色）成长，就是正视差异，鼓励差异化、特色化发展。这是敬畏生命、服务生命成长的基本价值取向。下城区利用各种评估激励机制鼓励各个层面的差异（特色）成长。例如，在学校发展性评价指标中，设立自设指标鼓励学校总结提炼特色；在教师中每年开展"十佳班主任""教科研之星""轻负高质""教学之星"等评选，鼓励教师差异成长等。四是根据区域实际，挖掘局本资源的互动成长。这是由下城区是浙江省会城市中心城区的特殊区情决定的，因为下城区无法按照省级教育行政部门对队伍建设的一般性要求来要求和组织队伍建设。下城区因地制宜，借力借势，创设了小到每年常规化的读书会，大到中国杭州国际教育创新大会这样的高端平台，构建起内外结合、上下联动的互动机制，极大地促进了团队的互动成长。

"沃态团队"这一概念是下城教育在开创"高位均衡，轻负高质"区域特色过程中逐步形成的团队特征的概括，同时又是经过自觉的、理性的思考和阐释。这样具有优势基因的独特团队对下城教育的可持续发展发挥着重要作用。"沃态团队"既是下城区多年来在区域教育生态理论探索过程中相伴而生的人力资源专业化建设方面的经验和特征的提炼，也是区域教育生态理论在队伍建设方面的独特表述，也必将推进下城教育向更高层次的特色化、个性化、现代化发展。

## 第四节　评价与革新

生态教育是"顺木之天，以致其性"的教育，期待学生能顺从天性，协调可持续发展。要践行生态教育，就要颠覆传统的以学业成绩为依据的评价方式，建立一个评价主体多元化、评价内容多维化、评价方式多样化的生态评价体系，信息技术的发展为评价方式的变革带来了现实的可能。本节从评价的概念出发，具体阐述生态评价的意义及如何构建生态评价体系。

---

### 评价的概念

20世纪初以来，教育评价经历了三个时期：20世纪初的测验时期、20世纪30年代之后的评价时期、20世纪80年代开始的评估时期。与此同时，教育评价的概念也发生了很大的变化。

第一，测验时期。

这一时期，"教育评价（educational evaluation）"一词尚未出现。一般评估学习常用的术语是考试（examining）和测验（testing）。当时的教育评价等同于教育测量和测验。教育评价主要依靠测验达成，以测验为中心。评价的目的主要是选择、认证。

第二，评价时期。

20世纪30年代开始，美国兴起的课程改革运动引发了隐含在教育测量实践中更丰富、复杂的评价概念。人们开始对前一时期进行反思，认为教育评价比测验具有更广泛的任务。教育评价不仅要检测学生的成就，同时也要关注课程内容的质量、学生活动的特征、课程形式的吸引力以及学习的多种结果，而不仅仅是一种结果。为了适应这一需要，美国著名教育评价专家泰勒提出了"教育评价"的概念，并建构了系统的评价理论体系。可以说，这一时期是教育评价概念的诞生期和形成期。教育评价概念超越了教育测量、测验的范围，教育评价的目的也由单纯的选择、认证，逐渐扩大到对课程、教学的关注。

第三，评估时期。

什么是评估？英文"评估"一词"assessment"的词根是拉丁动词"assidere"，指的是通过建立师生之间密切的联系，通过师生之间和生生之间的互动来获取信息，分享和解释信息，相互促进、共同提高的过程。目前为人们广泛接受的评估概念，指广泛收集、综合分析并解释信息的过程。测验、评价是其中起作用的部分。测验是一个正式、系统地利用纸笔方式收集信息的过程；评价通常是在收集信息、综合评估之后进行，即对学生表现的质量、价值或行动过程进行判断的过程。

可见，相对于传统的评价概念，评估的概念范畴扩大了。评估包含了价值判断这一评价概念的核心，但是更加关注获得判断依据的过程，关注进行判断之后的反思和改进过程，关注评估过程与课程和教学的交互作用。这一时期还出现了许多子概念，例如档案袋评估、表现性评估、真实性评估、促进学习的评估等。这些子概念的出现旨在支持学习并提供关于学生的详细信息。

反观三个时期的教育评价，可以清晰地发现，长期以来，教育评价都在努力追求客观化、科学化，追求对评价对象的有效监测和改进。它最大的缺陷在于把"人"当作"物"来看待，忽视人的主体性、创造性和不可预测性。

生态学理念下的学生评价强调过程性，关注个性差异，注重以发展的眼光看待学生，将知识、技能、情感、态度、过程和方法结合起来，给予学生积极向上的评价。

## 让评价从单一走向多元

### 评价主体多元化

所谓评价主体，是指那些参与教育评价活动的组织与实施，按照一定的标准对评价客体进行价值判断的个人或团体。他们在评价中控制活动的方向和进程，对确定评价问题、选择评价方法、使用评价结果起决定性作用。因此，合理地确立评价主体并有效发挥其功能，是教育评价取得成功的根本保证。多元评价主体的优势表现在以下几个方面。

改变了评价者与被评者的关系。在以往的教育评价中，评价者是绝对的"判官"，他们占据主动地位，决定评价的内容和程序。但是在多元主体参与的评价中，评价者的组成与功能都发生了根本性的变化——评价者的行列中加入了被评者，评价客体开始作为评价主体参与评价过程中的各项决策。这样，原来评价主体与评价客体之间的"评与被评"的对立关系就转化成了平等的协作关系，评价者也从"判官"变成了"同伴"。

提高了评价结果的质量。吸收学生、家长、领导参与评价，不但可以体现出评价的公平与民主，而且能够提高评价结果的客观性和全面性。因为，在评价中，不同的参与者可以从不同的角度分析现状，发现存在的问题，发表个人的见解，使得评价的信息能够更加全面、真实，从而更利于解决学生学习中存在的问题。

有利于强化学习评价的教育功能。由多元主体参与的学习评价追求一种自我教育的理念，它将学习评价作为媒介，使所有参与者透过评价获得对自己与教育工作的重新认识。这种评价本身并不期待一个静态的结论，而是希望参与者能够在学生的学习评价中发展、变化。

转变了被评价者对待评价的态度。被邀请参与评价的相关学生、家长、教师都会表现出极大的参与意愿。在评价活动中，他们感觉到自己的观点被尊重、意见被采纳、自我价值得到体现。评价不再是一种外部强加的要求，而是一种自觉的学习和反思过程。以往学生对评价的敏感、紧张、厌烦等心理反应将得到有效的缓解。由此可见，评价主体多元化能够发挥评价的积极导向、反馈调节、反思总结功能，更有利于学生的学习。

在杭州市学军小学，不少教师把作业评价、学业评价的权利下放给了学生。在语文教师姚国娟的错例讲评课上，她会呈现出学生在作业中的不同答案，让学生自己来打分；在英语教师金菲飞的表演课堂上，每个孩子都会拿到一张评价表，孩子们作为大众评审团给同伴打分；数学教师袁晓萍的班上有一种特殊的卡片——数学绿卡，获得这张卡的学生可以免做一次自己认为没有必要的作业，也可以换成期末加分，由学生自行选择……。在自我评价的过程中，学生既是评价客体又是评价主体，评价的过程也是学生自我辩论、自我澄清、自我教育的过程。

## 评价方式多样化

如今，越来越多的新型评价方式正在悄然改变着教育。如档案袋评价，档案袋分两种：一种是以过程为考核目的的档案袋，收集的内容为记录过程的资料，包括学习草稿、学习反思、学习过程中遇到的问题等；另一种是以结果为考核目的的档案袋，学生把最能反映学习成果的资料收集起来，如测试结果、长期项目的综合表现等，档案袋中还有学生对自己的学习情况做出的综合评价。此类评价方式能更全面地反映学生的综合表现，并且能让学生针对自身的优势和不足确立下一阶段的学习目标。学生在决定将哪些资料放进档案袋时，他的创造性评估、反思、分析能力都能得到了提升。

杭州市的一些学校推出了"免试生"评价。基于阶段反馈达到免试标准的学生在期末享有"免试"特权。学校为这部分免试学生开发了研究性学习课程。囿于过去以"考"为核心的评价制度，学校在评价改革上做出的努力就是希望打破困局，撬动学校办学的方方面面，将教师和学生从单一的考试评价中解放出来，成为真正自主发展的人。

2009 年 3 月起，杭州市上城区与北京师范大学合作开展"基于学生发展的区域教育质量提升实验"的研究项目，对全区学生开展发展性测评，并于 2013 年推行了全新的小学生素质报告单。这份报告单鼓励学生自主申报兴趣爱好，并可将其作为一项特长评定等级。等级的评定不同于钢琴、小提琴的特长考级，主要关注学生的坚持程度。与过去的评价相比，这种新评价的最大亮点是增值性。不管是学业成绩还是兴趣爱好、身体素质，每项内容后面都有一栏"进步情况"。

距离期末统测不到一周的时间了，杭州市崇文实验学校的三年级男生小冯不但没有进行紧张的复习，还走进学校阅览室"倒腾"起了积木。不一会儿，他就将一块块平面的积木拼插成了自己最喜欢的立体机器人。这些不是一般的积木，而是能够开发大脑的智慧片。事实上，令人好奇的并非这些智慧片，而是在崇文实验学校的阅览室里，不同的小厅分别坐着来自不同年级的学生。"因为我们拿到了免试生研究性课程入场券!"小冯从口袋里掏出一张蓝色的纸条自豪地说，"我是数学学科的免试生，所以今天能到这里来参加'结构大师'免试课。"

像小冯这样获得学科免试的学生，在崇文实验学校低段（一、二年级）有近三分之二，中段（三、四年级）超过三分之一，他们可以参加全新的以探究性学习为主要内容的跨学科融合课程。

为这部分免试的学生开发研究性学习课程，是崇文实验学校评价改革过程中的一次大胆尝试。目前，学校对中低段的学生开放免试政策，并且集全校之力为他们开发了相应的免试生课程。这项政策还会进一步延伸到高段。

除免试政策外，崇文实验学校还积极探索其他评价方式，例如给低段学生安排的"情境化测试"：一年级学生去超市自主购物，二年级学生为全家准备一顿晚餐。事实上，学生们早在学期初就已经知道了试题，他们有整整一个学期的时间来准备这场特别的考试。相比游戏式的虚拟测试，真实情境下的测试似乎更能反映问题。比如准备晚餐，学生计算成本、设计菜谱、去市场买菜，看起来是体验生活，实质上是测试他们的综合实践能力。最终教师会根据原料采购金额、菜谱设计的合理性、学生陈述的思路来评价测试结果，每一项都表现优异的学生被评为"优秀"，其他则定为"合格"，并且取消了"不合格"。

同时学校还开发了一系列针对中高段学生的"综合能力测试"。摒弃了标准化评价之后，教师不再着眼于班与班、学生与学生之间的横向比较，家长也不再盯着"别人家的孩子"。

除了"情境化测试"与"综合能力测试"，学校还向每一位学生提供"档案袋评价"，即记录学生学习、成长轨迹的评价方式。在班主任的指导下，学生搜集可以反映他们的努力情况、进步情况、学习成就的一系列学习作品，展示其在整个学期的发展状况。学期结束后，档案袋由学生带回家保存。一位来自毕业班的家长说，拿到档案袋的那一刻，她才真正意识到如何对孩子进行纵向评价。从一年级到现在，档案袋清晰地呈现了孩子的每一个足迹，这比一张张印着分数的成绩单更有意义。

## 信息技术引发评价方式的变革

当下，我们正处于一个大数据时代，网上销量特别好的衣服被称作"爆款"，人们上网订机票会比较同一时间段不同航班的准点率，电脑开机后会自动提示开机时间及击败全国电脑的比例……，这些都是通过大数据分析得出的结果。大数据在改变我们生活的同时，也带来了评价方式的变革。

课堂上，针对教师的提问，学生只需手指轻轻一点，答案即刻被传到大屏幕上，电脑随即判断出对错；学生可以直接对着手机进行口算测试，参加完测评后，系统会自动生成该名学生在所有参与测试的学生中所处的位置；通过终端控制平台，可以清楚地了解到每一个网络课程学习者的学习时间、学习频率，统计出每一个学生浏览网页课程内容的次数、发帖回帖的数量及阶段性作业成绩。海量的学习数据，不仅让学生形成属于自己的学习档案库，同时也成为教师评价学生的资料。大数据刻画了不同群体、不同个体的成长轨迹，有能力去关注每一个个体学生的微观表现，实现了"评价是为了改进"，也让因材施教真正成为可能。

教育评价是为了让我们更好地了解学生，更好地审视课堂和教学过程。在传统的教育环境下，了解学生的主要方法为问卷调查、课堂行为观察、考试、作业分析等。这些方法存在着耗时长、数据不准确、过程型数据遗漏或者无法采集等多种弊端，建立在这种不完整数据之上的分析结果只能揭示某些特定的问题，缺乏综合性。此外，不同来源的数据之间难以整合，因为采集成本等原因，获得的数据缺乏持续性。因而教师往往只能根据经验来处理教学问题，这些对于科学、精准地了解学生，做出教学决策甚至制定教育政策造成了不利影响。教育大数据的应用则为克服现有教育评价中的不足提供了效果良好的解决方案。

教育大数据技术为多方参与教育评价、实现发展性学生评估提供了良好的支持。平板电脑、数码笔、可穿戴设备等能够实时地将不同类型的学习数据数字化，实现了对学生学习全过程数据的采集，为教育领域中实现基于数据分析与理性证据的教育评估与决策提供了数据基础。各类可视化分析工具能够在松散的教育大数据中过滤、挖掘各类隐含的教育信息和规律，帮助我们理解学生个人知识体系的构建过程，探索学生个体的社会学习网络的演化规律，揭示教育事件在特定时空呈现的特征。

2014 年 12 月衢州市书院中学启动了基于大数据的"二维（知识+能力）教学质量诊断系统"研发项目，围绕"制定测评标准、形成测评工具、实施数据采集、分析数据样本、促进行为改进"五个环节，形成了一套全新的教学质量诊断系统。

这份成绩单由圆柱图和雷达图组成。圆柱图直观形象地标出了学生五门学科的成绩，以及同班级平均分、最高分，年级平均分、最高分之间的比较。圆形雷达图则把学生对各门学科的知识掌握情况都做了详细分析，显示出各门学科各知识点的个人掌握率和班级平均分，用一虚一实两条线连在一起，织成了一张密密麻麻的蜘蛛网，让师生清楚明白各个知识点掌握的程度。学校还在学业水平评价研究的基础上，尝试搭建了评价综合素质的框架，从品德素养、兴趣特长、身心健康、实践能力这四大方面，综合评价学生的综合素质发展情况，以此有理有据地帮助每名学生成长成才。

第五章 教育伦理：指向共生共长

# 第一节　师生共情：生态课堂的基点

　　伦理学提醒人要能够"站在他人的位置上"，即要"利人"；又要能够"给自己一份好生活"，即要"利己"。因此，在教学活动中，无论是教师还是学生，需要常常问问自己："你要做的，会对自己、对他人、对世界造成伤害还是有所贡献？"在此基础上，才能让教学活动真正地遵从生命伦理，既"利人"，又"利己"。"好的教育"的终端就是"好的课堂""好的教师""好的学生"。本节我们落脚于阐释教师的专业成长，生态课堂的基本特征，共情的内涵、意义，以及实现生态课堂所应有的态度和方法，旨在表达对"好的课堂""好的教师""好的学生"，亦即"好的教育"最现实的诉求。

---

## 学高为师，身正为范

　　如果教师自己都过得马马虎虎，又怎么有资格去教别人活得好呢？在教学伦理关系中，教师首先要具备正向的人生态度、知识结构、人格魅力、事业情怀、工作原则等，体现出教师应有的内涵与深度，才能感召学生。

## 让心灵宁静而又热情

　　今天我虽然会抱怨天气下雨，也能感谢上苍用雨水滋润了绿草。

今天我虽然会诅咒自己糟糕的健康状况，也能庆幸自己仍然活着。

今天我虽然会埋怨父母没有给我一切，也能感激他们让我降临到人世间。

今天我虽然会为玫瑰花的尖刺而哭泣，也能为尖刺旁的玫瑰花而欣喜。

今天我虽然会为缺少朋友而神伤，也能为收获新的友情而激动不已。

今天就展现在我的面前，等待着我去描绘。

今天是什么样子完全取决于我的态度！（万学，2011）


教师人生态度的意蕴何在？就如同上述"我"的心态一样，对待同一件事物，人们会有截然不同的生活态度，形成迥异的评价，进而产生不同甚至是相反的行为。

生活态度，是人们对生活所持的总体意向，是对人生所具有的持续性信念以及对各种人生境遇所做出的反映方式。不同类型的人会抱有不同的生活态度。每个人都会思考这样的问题：怎样看待生活，怎样把握人生，怎样面对发生的每一件事情，怎样抉择今后的发展路径等。

人生态度作为人生观的主要内容，是人生观最直接的表现和反映。人究竟应该怎样活着？人生态度就是对待人生的一种心态和价值取向，不同的态度产生不同的人生观和价值观。

每一名教师都具有自己独有的对待生活、人生的态度。教师的人生态度会无形地影响学生的成长。教师不仅为学生提供知识和指导，还是学生谈论和仿效的对象。学生具有很强的模仿性。教师的生活态度、人生态度，会通过言行举止潜移默化地影响学生。只有自身幸福、家庭和睦、富有情趣的教师，才能培养出朝气蓬勃、进取向上、专注精进的学生。

"抹茶"是将茶叶经蒸青风冷干燥，做成原叶"碾茶"，再利用石磨磨成粉状物而制成的。复杂、讲究的制作工艺，造就了抹茶的独特性。优秀教师就如同抹茶一样，要保持独立、有个性的人生态度。没有主见的人，只能道听途说、人云亦云，以别人的思维为自己的思维，以别人的行动为自己的行动，以别人的看法为自己的看法。只有具有独立个性的人，才能摆脱重重的枷锁，自由而惬意地生活。教师只有保持独立的个性，才能在浮躁的社会中不随波逐流，不着眼于眼前的短期利益，不为功名利禄所诱，过一种淡定的生活。"非淡泊无以明志，非宁静无以致远。"当教师用一种平常心来面对生活时，才能发现身边的事物所蕴含的美。

"春有百花秋有月，夏有凉风冬有雪。若无闲事挂心头，便是人间好时节。"教师独立、淡定的生活态度，会在教学中潜移默化地影响学生。在这种环境下孕育的学生，不仅不会随波逐流和放任自己，还会不断探索抵达知识巅峰的个性之路，从容地面对每一次挑战，争取每一次成功。

一棵古松的形象会随观者的性格和情趣而变化。每个人所见到的古松的形象都是自己性格和情趣的映照。古松的形象一半是天生的，一半也是人为的。极平常的知觉都带有几分创造性，极客观的东西都有几分主观的成分。每一个生命都是一幅生动的画卷，一道色彩靓丽的风景。学生就像一棵棵树木，他们体内跃动着生命的多彩音符。这一幅幅画卷和一道道风景渴望教师俯下身子欣赏。教师以欣赏的眼光来看这一幅幅画卷和一道道风景，就能做距离学生心灵最近的人。

会欣赏的教师还能从每一丝阳光、每一片树叶、每一个行动、每一次言谈中发现生活中的情趣和温馨。当教师发现了世界的美好之处，就会喜爱这个世界，心态也会变得宽广平和，不会苛求家人、同事和学生，不会对名利孜孜以求；就会同情别人的苦难，原谅别人的错误；就能保持自己良好的本色，激浊扬清，兼善别人；就能丰富人生的情感，锻造美好的心情。

在欣赏中赞美他人，能给人带来信心、勇气和愉悦。卡耐基（2011）在《人性的弱点》一书中写道："渴望赞美是每个人内心深处的需求。"一个赞许的眼神，一个肯定的表情，一个鼓励的动作，一声简单的表扬……，这些真诚的赞美和认可，都能让他人获得健康、良好的发展。

赞美学生的兴趣、爱好和特长，赞美学生对教材的质疑，赞美学生对同学的友爱和帮助，赞美学生对师长的尊敬……，润物细无声的赞美犹如春雨一样，催物生发。教师拥有了赞美他人的人生态度，就能够创设出让人拥有自信的环境，就能引发出学生向上向善的力量。正如苏霍姆林斯基所提醒的："请记住成功的欢乐是一种巨大的精神力量，它可以促进儿童好好学习的愿望。"好孩子是夸出来的。

## 道之所存，师之所存

上所施，下所效，则为教；养子使其作善，为育。在中国，自古以来对于教育工作者的师德有着极高的要求。"学高为师，身正为范"体现了我国传统文化对于教师在道德方面能成为社会人群的榜样所抱的期望。长期以来，教师用自己的表现获得了社会的尊重，理应具有道德权威。而所谓教师的道德权威，是指教师在学生面前具有的道德方面的力量和威望。教师自身的知识经验、能力和德行是教师能否真正拥有道德权威的关键。

充满魅力的人格是为师之道的关键所在。一名具有生态理念的教师应具有充满魅力的人格。人格是个人的道德品质，也是个人的性格、气质、能力等特征的总和，它是个人的全面反映。在日常教育教学中，在一切师生交往活动中，教师都可以通过自身的人格，以"润物细无声"的方式影响学生的心理和行为。良好的人格是教师开展教育教学的一种无形的力量，它能帮助教师赢得同行、家长和学生的信任和尊重。

职业和社会的使命感是教师人格的组成部分。教师是人类灵魂的工程师。师德是教师职业生涯的基石，使命感是师德的核心。教师一旦感觉不到自身职业的重要意义以及对社会所产生的作用，就会把教书育人看成谋求生活的一种方式，就会把课堂教学当成敷衍了事的行为，就会把外出培训理解为无法推卸的任务。其实，教师的职业使命，不仅仅是在传授知识，更是在培养社会主义建设者和接班人。教师强烈的职业和社会使命感，作用于学生后会让学生升华出"为中华之崛起而读书"的学习使命感。

当人有了对自身有限性和宇宙无限性的认识之后，敬畏之心便会产生。敬畏生命是教师人格的组成部分。唯有通过与生命个体息息相通的真诚体验，人才能在一个更高境界中探寻生命的奥秘，既把生命理解为一种自然现象，又把生命当作一种道德现象。教师敬畏学生的生命、敬畏自身的生命，爱之花便会从内心绽放。

联合国教科文组织国际教育发展委员会（1996）对教师的职责曾有过这样的阐述：教师的职责现在已经越来越少地传递知识，而越来越多地激励思考，除了他的正式职能以外，他将越来越成为一位顾问，一位交换意见的参加者，一位帮助发现矛盾论点而不是拿出真理的人。教师要深刻认识到自己肩负的责任和在教育教学工作中的作用，不断地修正自己，不断地更新教育观念，做一个专家型教师。善于自省是教师人格的组成部分。教师要从自己的道德观、心理素质、知识、仪表、风度、课堂组织、师生关系等方面做深入、适时的自省，反省自己是否传承完整、传播到位、层次清晰、方法得当、结合彻底、创新深入、治学有力、包容有度等。

高尚的人生情怀是教师的境界追求。印度诗人泰戈尔（2007）曾说过，花的事业是甜蜜的，果的事业是珍贵的，让我们做叶的事业吧，因为叶是谦逊地垂着她的绿荫的。教师不是冲在最前线、站在最前沿的表现者。作为一名教师，应当通过背后的关注、引导、呵护，无私地扶衬即将含苞待放的花朵。

教师只有充满爱心，才能灵动地处理好与学生的伦理关系。尊重学生，才能让学生尊重自己。爱心育人是教师教育教学的原则。苏霍姆林斯基曾说过："请你记住，教育——首先是关怀备至地深思熟虑地小心翼翼地去触及年轻的心灵。"（郭海侠，

2010）当你用心灵去感受学生的心灵，用感情去赢得学生的感情，才能够学会发现、学会倾听、学会理解、学会接纳学生，也才能获得崇敬、爱戴、尊重，以及更多的幸福和更有意义的教育人生。

学生身上一定有教师所不具备的长处，有成年人难以体察的内心世界，有各自不同的生活背景。教师需深入观察才能发现"细部"特征，进而打开学生五彩斑斓的青春天地，使自己融入其中。正如裴斯泰洛齐在《与友人谈斯坦兹经验的信》中写的那样："我决心使我的孩子们在一天中没有一分钟不从我的面、我的嘴唇知道我的心是他们的，他们的幸福就是我的幸福，他们的欢乐就是我的欢乐，我们一同哭泣，一同欢笑。"（李镇西，2007）想学生所想，急学生所急，为学生的成功竭尽全力，蹲下身子，充分关注学生的心灵和体验，走进学生的情感世界。当我们把心放到学生的位置上考虑他们所做的事，就会发现每个学生都是优秀的。

"在平湖市新华爱心高级中学，比阳光更温暖的是教师的爱。"这是这个学校学生最大的体会。校园里，总能看到教师和学生亲密交谈的身影。课间十分钟、中午休息时间、晚自习期间，只要有片刻的空余时间，教师都会像朋友一样主动地找学生话家常、聊近况。

在新华爱心高级中学，多数学生是在经历了中考"失败"的打击后才来到这里的。他们对生活和学习缺乏信心，主要表现有在课堂上不认真听讲、不愿意回答教师提问、对教师有抵触情绪等。为了帮助这些"失意者"重拾自信，课堂上，教师不放弃每一个学生；军训场上，默默为学生倒上加了糖的温水；开学第一天就努力记住每一个学生的名字；下班后习惯性地在学校再待上一小时，或备课或去学生寝室转转。"教师有爱心，学生才会有信心。"这是爱高教师常常挂在嘴边的一句话。

学生小王进入高中后成绩一路下滑。班主任刘老师在多次找他谈心无果后又一次次找他父母沟通，有时候一聊就是两三个小时。在一次长谈之后，刘老师终于找到了症结所在：由于望子成龙心切，父亲常常采用粗暴的教育方式，使得孩子的逆反心理严重。第二天，刘老师就策划了一场专为小王家庭"量身定制"的家长会，主题即为"父母该如何和孩子相处"。那次家长会后，小王父亲及时修正了对孩子的态度。"不放弃，就会有希望。"刘老师努力践行着自己爱的诺言。

在爱高，每一位教师都有一双善于发现学生闪光点的眼睛。"你的冷静与幽默总能给人惊喜""你写的散文如此优美，让人过目不忘""你的学习劲头老师看在眼里，相信付出总会有回报"……，爱高的教师每天都会记录下学生的点滴进步，每周都会写一篇小文述说他们眼中的好学生。教师们坚信，视每个学生为自己的孩子、亲人的孩子、朋友的孩子，就会获得所需要的全部教育智慧。


## 记问之学，不足为师

《礼记·学记》中记载了"记问之学，不足以为人师"这句传世名言。孔子认为，教师不是给学生灌输死记硬背的知识，而是要启发他们，让他们学会思考，有所发明、创造。一名优秀的教师，应具有互融文理的知识结构、充满魅力的人格和扶衬红花的人生情怀。

师：说到弹琴，我们先听一听20世纪初欧洲音乐界颇具影响力的作曲家、革新家，同时也是近代"印象主义"音乐的鼻祖德彪西的钢琴曲《月光》（播放）。

生：德彪西的《月光》是钢琴曲，委婉的旋律，缓缓起伏，轻轻波动，描绘了月夜特有的诗情画意。在一串和弦的晃动下，上声部轻轻奏出富有歌唱性的"月光曲"。随后，流动的琶音，如同月光荡漾，流畅而舒展。在琶音衬托下，旋律愈加明朗，宛若溶溶的月色。

师：我们再听一首歌（播放《阳关三叠》合唱曲）。

生：这首歌的歌词就是《送元二使安西》，抒发了离别之情。诗的前两句写送别的时间、地点、环境；后两句写惜别的心情。

师：王维的诗最大的艺术特点是什么？

生：诗中有画，画中有诗。《山居秋暝》全诗描绘了秋雨初晴后，傍晚时分山村的旖旎风光和山居村民的淳朴风尚，表现了诗人寄情山水田园，对隐居生活怡然自得的满足心情。《送元二使安西》描写清晨，渭城客舍，自东向西一直延伸、不见尽头的驿道，客舍周围、驿道两旁的柳树。这一切，都仿佛是极平常的眼前景，读来却风光如画，抒情气氛浓郁。[①]

教师应当具有怎样的知识结构？我们可以从上面的课堂实录中寻找出相应的答案。可能会有读者觉得这是节音乐课，其实，

---

① 引自浙江传媒学院实验中学李今垠老师的课例。

这是一堂原汁原味的语文课，主题是鉴赏王维的两首诗歌。李老师在这堂课中运用艺术通感，让感知、表象到意象的各种感觉转化、渗透、互通，让学生经历审美体验的心理过程。这节课，李老师打破了学科界限，将语文、音乐和美术统合在一起，让学生在"美"中陶冶，在"美"中鉴赏，在"美"中感知生命的乐趣，在"美"中孕育创造的灵感。教师的知识结构越复杂、越完整、越与时俱进，他们所设计的课堂才越深刻、越生动、越贴近生活。李老师用自身的复合型知识结构，塑造了精彩纷呈的生态课堂。

从李老师的课中，我们发现，只有与时俱进、文理艺互融的复合发展型知识结构才能满足社会发展的需求。用李政道博士的话来说："我是学物理的。不过，我不专看物理书，还喜欢看杂七杂八的书，多看一些书头脑就比较活跃。"（杰西亚，2007）随着知识经济时代的来临，全世界进入了一个知识爆炸的时代。知识更新周期越来越短。18世纪时知识更新周期为80年至90年，20世纪末缩短为5年至10年，21世纪初为3年至5年。一名出色的教师，应当具有管理学、人际关系学、教育学、专业学科、心理学、美学、法学等各方面的知识。当下，终身教育的思想观念得到了越来越多人的认可，教师不但要关注自己思想观念的提升，重视专业技能的发展，还需要提升学术品位。

首先，学科知识是教师职业身份的标志。"资之深，则取之左右逢其源。"精通自己所教的学科知识，是教师胜任教学工作的基础。广泛而准确的基础知识和基本技能，系统化的知识网络，是教师能站在讲台上的前提。执教语文，对字、词、句、篇章等的准确拿捏；执教数学，对数、式、函数、基本图形、几何的灵活运用；执教英语，对单词、句型、语法等的精准把握；执教科学，对物质科学、生命科学、地球与宇宙科学的综合贯通……，教师只有不断钻研学科知识，思考着用不同的角度加以理解、阐释，才能触类旁通，以更好地指导学生。

其次，专业技能是教师职业立足的基石。尽管每位教师的学科背景不尽相同，但学生身心发展的知识、教与学的知识、学生成绩评价的知识，这些对学科类知识的传接起理论性支撑作用的业务类知识，却往往万变不离其宗。当知识之实，结合传输之法，通过同化顺应之建构，教与学就能有机互融，结出生态之花。

此外，专业理论是教师教学实践和提升教育水平的有力抓手。通过对这类知识的理解和应用，教师能妥善协调班级各种关系，创设宽松和谐的育人环境。

最后，实践反思是教师职业艺术的保障，它是搭在学科知识和教学理论间的桥梁。"教什么好""怎么教"这类朴素的教学法问题，其实是教育教学理论和课堂教学实践的结合点。叶澜教授曾说："一个教师写一辈子教案难以成为名师，但如果写三年反思则有可能成为名师。"教师要提升自身的专业水平，必须坚持做日常的教学研究，特别是要勤于动笔，有积累才有提炼，有提炼才有提高。

在优秀教师的备课本上，总能发现一段段教学反思、一则则教学叙事、一篇篇教学案例、一个个教学实验……，针对具体情境，教师记录下如何运用科学的方法、艺术的处理方式分析教学中的问题。丰富的教学经验，经过有意识的提炼，构建出有效的教学策略，完善着教师的知识结构。

梳理浙江省特级教师蒋军晶的成长轨迹可以发现，他的确是一位特别擅长上课的教师，他的《月光曲》《麋鹿》《趵突泉》《"凤辣子"初见林黛玉》等课堂教学实例在全国有着较大的影响力。他在 2003 年获得了浙江省教改之星评比金奖，2005 年获得浙江省阅读评比一等奖、浙江省课改巡礼课堂教学评比一等奖，2006 年荣获全国第六届青年教师阅读教学评比一等奖、全国首届小学语文视频课例一等奖。2006 年以来，体现蒋军晶阅读教学理念的研究课十余次获得全国、省市教学评比一等奖。

从教十五年，蒋军晶致力于实践、研究、总结和推广以"单篇阅读—群文阅读—整本书阅读—项目作文"为核心的完整课程体系。2003 年，蒋军晶结合自己的课堂教学，开始围绕"多面向的阅读教学"（即面向体验、表达、思考、策略）专题开展课例研究。

2006 年以来，为了实现让学生"多读书、读好书、好读书、读整本书"的目标，蒋军晶开展了"班级读书会"的研究与推广，开创了"大声朗读、持续默读、师生共读"的具体操作策略，形成的相关研究课例先后三十余次在"全国首届儿童文学与语文教学观摩会"等主题研讨会上展示；2013 年，他的相关研究成果《和孩子聊书吧》一书获杭州市科研成果二等奖，并由教育科学出版社出版。

2010 年，蒋军晶在天长小学成立专题项目组开始了"群文阅读"的研究，项目组从最初的八人扩展到如今全体语文教师都参与其中。经过 4 年的研究，项目组已开发出多个成熟的"群文阅读"课例，比如《"创世神话"群文阅读》《"中国古代爱情故事"群文阅读》《"反复结构故事"群文阅读》《"古代寓言故事"群文阅读》《"最后一句诗"群文阅读》等。2013 年，该项目被批准立项为浙江省重点教研课题。作为该项目的带头人，蒋军晶先后在杭州、温州、南京、西安、郑州开设"群文阅读"研习营。浙江省省内外数十所学校申请加入该项目实验。由他主持的《新语文·群文阅读》（12 册）已开发完毕，并由人民文学出版社正式出版。

蒋军晶不仅是一名潜心于教学研究的专家型"能师"，更是一名理解儿童、尊重儿童，深受学生喜爱的"人师"。在课堂上他爱"吹牛"、"耍赖"、开玩笑、得理不饶人，经常和学生争得面红耳赤；他带领孩子去见美国著名教师雷夫，为了这次见面，他和学生一起阅读雷夫的书籍，一起给雷夫写信；他邀请《我是一支爱写作的铅笔》的作者山姆·史沃普到班里给学生上了一堂别开生面的作文课；他创立"班级影院"，不定期欣赏古今中外优秀影片；他带领孩子走进"纯真年代"书吧、走近运河，开展读书会、朗诵会；他引导孩子以班报为载体通过各种合理的方式争取自己的合法权益；他用传记研究的方式带领孩子过"唐诗宋词"的生活……，他还努力创造机会让学生过一种有精神追求的语文生活。在教学中他也一直努力探求形成一种综合化的作文课程体系，从文学、艺术、社会、生活、历史、地理、自然、科学八大知识体系入手，建构作文课程。近年来，他将作文教学理念进行了进一步梳理，他认为，一个孩子学习写作一般要走过四个阶段：写作并不神秘—写作需要技巧—写作强调个性—写作就是生活。同时，他还带领学校团队参与华东师范大学"慕课"联盟，引进"微视频"技术，开发作文教学"微视频"。

## 生态课堂——对"好的课堂"的一种构想

生态课堂，是在课堂教学时空的范围内，教学的诸因子有机和谐发展的课堂。"动态平衡""轻负高质"是生态课堂的本质，"尊重生命、联系生活、自然生动、平衡生成"是生态课堂的基本特征，"整体、多样、联系、发展"是生态课堂的重要属性。

生态课堂作为一个生态系统，在诸因子（教师、学生、教材、教学环境等）相互联系、相互制约、相互作用下具有不同的性质、功能和运动规律。各种教学因子按一定规律结合，有机联系、和谐发展。因此，生态课堂具有整体性。

当然，生态课堂并不是一个封闭的整体。其无时无刻不在和外界进行着沟通与交流，并不断调整自身的状态，以适应变化万千的问题。

曹爱卫老师是杭州市下城区教师教育学院小学语文教研员，她执教的四年级语文《呼风唤雨的世纪》教学片段就体现了多样开放的生态风格，她给予学生充分的独立思考时间和空间，取得了良好的教学效果。

师：在预习的时候，很多同学提出了一个很有价值的问题：为什么说 20 世纪是一个呼风唤雨的世纪？（边说边在课题后打上了一个大问号）除了这个问题，我想请你们再读一读第二自然段，看看还能提出什么问题。今天这节课，我们就围绕问题来学

习。谁愿意来读第二自然段？其他同学边听边思考。（教师请一个学生读第二自然段）

师：围绕这段话，你能提出哪些问题？请你在书上做上小记号，也可以写一写关键词。（教师巡视，点拨"可以从词语中去发现问题"）

师：经过思考，很多同学又有了新的问题，谁先来交流？

生1：我想知道20世纪"发现了什么""发明了什么"。

师：很好，你想知道20世纪的"发明"和"发现"具体有哪些，是吗？（板书：发明、发现？）

生2：我想知道靠什么来"发现"和"发明"。

师：谁能解决这个问题？

生3：靠的是现代科学技术，课文第一句就有。

师（对学生2）：你明白了吗？（该生点头）

生4：那些发明和发现使人们有了哪些改观？（板书：改观？）

师：好，同学们都能抓住关键词来提问，非常好。你们关注到课文中的泡泡了吗？（出示泡泡："发现"和"发明"有什么区别？）

师：课文的泡泡也可以帮我们提问，读一遍这个问题。

生齐读：发现与发明有什么区别呢？

师（指黑板上）：还有其他问题吗？（学生摇头）这么多问题都是同学们自己提出来的。要解决这些问题，我建议先解决"发现"和"发明"具体有哪些，再来解决其他问题就相对容易了，你们看呢？

接着，教师引领学生围绕问题深入学习课文，并在下课前再次让学生提问：通过这节课的学习，你还能提出什么新的问题？

整节课，教师不是固守自己的课前预设开展教学，而是让学生自信地走进文本，提出自己真实的问题，并围绕提出的问题开展学习和探究。课堂中预留了充分的自主学习时间和空间。学生的求知欲、好奇心成为课堂学习最大的驱动力，充分体现了生态课堂教学的价值所在。通过这堂课，我们可以发现，生态课堂具有多样性和开放性，教学诸因子之间相互交融、紧密相连。

生态课堂具有协同性。教师和学生、学生和学生具有不同的家庭背景，受到不同教育和不同社会环境的影响，他们的认知结构、情感、态度和价值观都有一定的差别，他们有自己特有的思维习惯和行为方式。生态课堂尊重每个学生的差异，重视学生与外界的信息交流，倡导学生之间协作学习，把教学过程放置在多样开放、与外界不断交流的教学环境中，促进学生共同发展。

生态课堂具有生命性。教学目标不是预设、固定的目标，而是根据学生学习的需要及时调整的过程性目标。教学目标也更加重视学生与社会的联系，重视他们的生命成长。

生态课堂还应具有平衡性。包括课堂与生活的联系、转化的平衡，人文和科学的教学各因素间的相互融合、渗透的平衡，教师与学生的认知结构不停地循环发展、和谐共进的平衡。

杭州市下城区明珠实验学校杨巧英老师独创的"引导分析作业比赛"课堂教学模式是打开课堂对话场的一个范本。其主要有以下两个环节。

第一个环节，先安排小组讨论分析，解决组内存在的问题，寻找其他小组可能存在的问题。每节课大约要花 10 分钟，问题多时会花上 20 分钟甚至 30 分钟，由组长和副组长先组织讨论，并尽可能地解答组员的问题。组内有争议时可以举手请教老师。小范围讲解可以让学生的注意力更加集中。小组分析后，老师只要选择性地讲评即可，这种形式让学习效果得到了明显提升。

第二个环节是小组"互问互答"挑战赛。一组学生讲解结束后，可以让其他小组提问。一开始学生可能提不出问题，这时由老师来提问。提问可以按照一定的思路循序渐进。等提问完后，学生们对这道题的理解也差不多了。老师这样坚持提问几次，学生慢慢地就学会提问了。学生有时候会问一些与题目无关的问题，教师要一次次进行引导。长此以往，课堂提问就会越来越有价值。不少家长反映学生回家后会自主地做大量练习，寻找好的问题；课后，老师发现组长会与组员进行交流，目的是提高本组的分析能力。

杨巧英老师的生态课堂教学模式，充分尊重学生的生命，她通过培养学生的提问能力，实现课内与课外、数量和质量、倾听和交流等的动态平衡。坚持每一步都让学生自己走，相信学生即使摔倒也会自己爬起来；每一步都让学生在轻松、愉悦中行走，以体验学习的乐趣；每一步都让学生慢慢走，每走一步都留下深深的足迹。

由此，我们能够发现，生态课堂在尊重生命的前提下，在一定时间内，能够通过能量、物质、信息的流动、循环和传递达到一种协调、统一的状态。

对于生态课堂这样一种"好的课堂"的构想，我们还有许多体会和思考。在追求生态课堂的道路上，我们必然还会有更多新的认识，其教学内涵与特征还会不断得到丰富与升华。但是，我们今天毕竟已经站在起航的船上，即将劈波斩浪，不懈探索，驶向理想课堂的彼岸。

## 同情——"与人慰藉"和"与己慰藉"

### 生态课堂里的"同情"是什么？

在生态课堂中，我们将"同情"作为发展的基点。关于"同情"一词有很多解释。我们认为，教学中的"同情"实则摒弃了日常理解中的怜悯之意，更多的是指师生间同情同意、心意相通、情感融通的一种状态和伦理关系。叔本华将伦理学基本原则定为：不伤害别人，尽量帮助每一个人，其对应的两大基本美德是公正和仁爱。我们觉得，生态课堂亦是如此。

师生同情，是教学时空范围内一种与人慰藉、与己慰藉的情感状态。师生之间彼此相互体谅、理解，设身处地从他人的角度出发思考、处理问题。师生同情，促使教师和学生不去伤害他人。看见他人痛苦如同身受，从而给予帮助。在课堂上，教师能够体察出学生的需要而变化教学方式、手段，而学生也能随着教学的进行不断调整自身的学习步伐。在师生同情、互为慰藉、互为关爱的伦理关系下，生态课堂才能真正落地生根、茁壮成长……

某班级在上课时，学生小C思想不集中，老是走神，任课老师多次示意，她还是没有反应。任课老师实在忍不住了，叫小 C 站到教室外面去。小 C 站起来，漠然地准备走出教室。任课老师见其如此态度，不由得更火了，说："你出去就不要进来了！"这时，小 C 张口说了一句："你有点傻吧?"

任课老师以小 C 辱骂老师为由，要求对其给予严重处分。年级组长和学生处主任找到小 C，对其进行批评教育，并要求她向老师道歉。但该生拒绝道歉，并说："要怎么处分随便你们，我不在乎。"鉴于小 C 的恶劣态度，学校拟给予该生从严处分。学生家长赶到学校，要求小 C 向老师道歉，但因小 C 态度不诚恳，未得到老师的谅解。学生处的一名老师得知此事后，进行了一番思考：老师们苦口婆心地批评教育，甚至予以严厉的处分，都不能使该生真正认识到自己的错误，也不能起到良好的教育效果。如果通过该生父母了解其脾气与成长环境（比如，是否从小受到溺爱等），以及上课走神的缘由（该生家庭是否发生变故等），采取同情的教育方法，是否可以取得良好的效果? 于是这名老师想了这样一个办法：首先站在学生的角度，体会其当时的心境，让学生感受到老师能够理解她，建立一个初步信任的氛围；再与学生一起，逐层分析其错误所在，询问她对这件事情的看法，引导她换位思考，考虑老师的感受……。最后，小 C 不仅认识到了自己的错误，也讲述了发生这件事情的缘由。

面对行动反常的学生，大部分教师可能会选择批评、责备。其实，师生关系一旦对立，教育教学的效果就会大打折扣。虽然事发突然、情况紧急，我们还是需要掌握学生的情况，真切地了解学生的问题，从他们的具体情况出发，及时调整自身的方法。师生同情需要的是师生所共有的善良、美好的道德情感，这种和谐共生思想深深扎根在生态课堂之中。师生在互相理解中同化和顺应新知，在彼此发现对方之美中达成和谐发展的状态。生态课堂里的教师和学生"把自己当成学生""把学生当成自己""把学生当成学生""把自己当成自己"，他们都能自觉地从他人的角度去体会并理解他人的情绪需要和意图。这既是一种对他人的关切、理解、珍惜和尊重，也是一种进入别人心灵世界的能力。

**生态课堂里的师生同情意义何在？**

师生同情，就是能充分理解别人的心事，并把这种理解以温暖、尊重的方式表达出来。在师生的情绪分享和认知调节中，他们通过体会共同的所思所行，体察对方的需求和情绪情感，激发学习和探索知识的内在动力，从而提高教与学的效果。

情绪分享，与人慰藉。不由自主地产生的情绪分享能帮助师生辨析对方的情感，提高师生在课堂中的生态适应性。自动化的情绪分享能增加亲密感，促进教学时的交流。那些能够无意识地模仿他人姿势、手势和声调等特征的教师和学生，更容易适应环境。生态课堂中，师生不断经历着"由情绪的感染逐渐演变成的有意识情绪分享"（黄翯青 等，2010）的过程，逐步地提高了他们快速"捕捉"环境中的情绪信息，并对其做出自动化反应的能力。师生们在生态课堂中表现出的高兴、愤怒、恐惧等面部表情，能够被识别到。就如学生看到老师在讲解课文段落时所浮现的悲伤神情，就能够体会到老师所讲的故事主人公的不幸，就会不由自主地想象自己处在相同的情境中会怎样，就可以产生和受害者相似的情绪体验。

认知调节，与己慰藉。"个人的经验""人际的关系"会影响情绪的分享，如果能有效地控制自己的同情反应，就能通过心灵对话，与己慰藉。有意识的同情关注会受到"观点采择"这样的认知技能的调整。观点采择能够增进个体对他人情绪和情感的理解，从而增加个体对他人做出同情反应的可能性。不同的观点采择方式会引发不同的同情，想象他人会引发同情关注，而想象自我会引发个人悲伤。在观点采择的基础上，师生之间的角色也会更加合理、融洽。

因此，只有做到与人慰藉和与己慰藉的课堂，才是生态的课堂，才是具有可持续发展性的课堂。

## 清水出芙蓉，天然去雕饰

生态课堂应当抱有何种态度或追求呢？在我们看来，好的课堂应该是一种学生听得懂、师生关系融洽、教师学生信息能顺利传递、让人回味无穷的课堂。细细品味目前纷繁复杂的课堂，充斥着活动、游戏、表演等，让课堂本身的味道渐渐淡去。因此，我们提出了应追求课堂教学做到"清水出芙蓉，天然去雕饰"，还给学生一个本真、本质、本源的课堂。

生态课堂的建设需要一定的方法。首先要构建和谐共生的课堂教学环境。如物质环境（声、光、颜色、教具、挂图、媒体演示等）、社会环境（班集体组织状况、师生交往水平、学校管理水平、教师素质、学生家长的文化素质等）、心理环境（班风、校风、学风等），这些外界的生态因子会在课堂中构成刺激，向学生发出信息，使他们产生趋近、凝视、静听等学习行为。人脑的学习多在无意识的情形下进行，而教室环境的布置对于促进学生的学习具有潜在的重要意义。在进行课堂教学时，教师需要注意教学环境的合理布置，为学生提供足够的刺激和学习材料。

在教室里，教师应懂得营造舒适的环境，适度控制教室的采光、温度，使学生的情绪、注意力等达到教学所需的最佳状态，这样有利于教学活动的开展。如夏季天气炎热，教室开了空调，门窗长时间紧闭会导致室内空气污浊，二氧化碳浓度过高，若不在课间适时打开窗户，保证空气流通，容易导致学生反应变缓、昏沉欲睡，还可能引起呼吸系统疾病的流行。

座位编排是课堂环境的一个重要因子。传统的秧田式座位排列有利于开展接受式学习和教师控制课堂，减少纪律问题，但不利于师生之间和学生之间的交往。据调查，学生喜欢的座位排列类型为环形、马蹄形（U 形）、半圆形、椭圆形等。在活动课时或有特殊需要时，可以适当地改变传统的秧田式座位排列，以利于师生、学生之间信息、情感和思想的交流与互动。

学生需要怎样的学习、怎样的课堂？学习的本质是同教科书对话，同教室里的小伙伴对话，同自己对话。为了给学生创造这样的机会和时空，杭州天地实验小学的改变——从课桌开始。

走进天地的教室，学生的课桌不再是统一面向前方黑板分组分行排列，而是4人一组围坐在一张大方桌前，同桌的"你"从1个变成了3个。校长王雷英介绍，学校舍弃单人单桌，是希望学生们能从互相倾听的关系走向合作学习的关系。单人单椅过于关注学生个体，学生们习惯于说"我的"，而四人围坐一桌突出了学生的群体作用，以后他们更多地会说"我们的"。从"我的"过渡到"我们的"，是一种教学方式的变革。

改变远不止于此：细心观察就会发现，每一张方桌上都摆着一盆绿植；讲台没有设置在教室的正前方，而是设置在一边的角落；在教室的后面摆放着两张软软的小沙发；所有教室都有自来水、中央空调、新风系统……，一个个细节，无不体现着学校的用心。天地实验小学不仅要将教室营造出家的感觉，更是在环境中融入"合作学习"的理念。譬如教室后面的两张沙发，以往教师都要把学生叫进办公室聊天，现在学生和学生、教师和学生之间，只要自在地往这一坐，就可以畅所欲言。

在生态课堂中，要合理利用限制因子定律，优化媒体使用方式。根据生态学中的限制因子定律，在生态课堂教学中，首要的限制因子是学生的学习兴趣、动机、自我效能感等。当物质、能量流的输入低于基本需求或高于最高需求时，就会影响课堂教学质量。因此，教师可借用多种教学媒体，提高学生学习的兴趣和自我效能感。

需要注意的是，每种媒体都有其独特的内在规律及相应的优势和劣势。教学中，使用效果最好的"超级媒体"是不存在的，而且各种媒体在不同的教学环境中，对不同学习者的效果也不尽相同。

电影、电视、录像等视听媒体，能全面呈现事物的空间、时间、运动、颜色与声音特征，具有极强的信息呈现力。在学习动态类知识时，适当运用一些精彩的影音片段，可以刺激学生的感官。幻灯、投影等投射型媒体，在呈现事物特征时能放映出较大的、彩色清晰的静止图像，便于学生仔细观察、分析事物的细微部分，强化学生的学习动机，提升他们的注意力。文字媒体，如教科书、讲义、板书等能很好地呈现文字与图形信息，准确地表述抽象的概念和信息量较小的教学内容。因此许多传统的、非电化的媒体在生态课堂的教学中仍然很实用。

多媒体计算机能表现以上各种媒体的信息，可以替代教科书、黑板、挂图、幻灯、投影、视频、录音等，如果有好的软件，还能表现三维空间的信息。多媒体计算机有强大的交互性，可以进行人机对话，大容量的光盘与硬盘还可以存储海量的信息。教师能根据教学要求，借助动画等多媒体教学手段帮助学生理解一些难于讲清的、较复杂的知识。

贵门乡中心学校是浙江省嵊州市一所山区学校，那里的三百六十多名孩子正享受着多媒体教学带给他们的快乐：在语文课上，小兴安岭、西沙群岛、长城、黄河等祖国的大好河山一一展现在面前；在信息技术课上，教师通过大屏幕演示利用搜索工具查找丰富的资料，键盘一敲、鼠标一点，海量的信息就出来了；在数学课上，优秀的作业通过投影仪向全班学生展示；在英语课上，孩子们可以欣赏中文字幕、英语对白的影片；在课间，孩子们通过多媒体了解时事新闻、观看优秀影片、进行好书推荐等，课余生活变得有声有色、丰富多彩。小小的多媒体为山区孩子们展示了大大的世界。

不仅贵门乡中心学校如此，如今跨进嵊州市每一所学校，走进每一间教室，都能看到教室的电视大屏幕上呈现出丰富多彩的多媒体课件，投影仪放映出工整规范的板书、作业。农村教师们在课前利用多媒体查找并观看优质课、示范课，还通过网络方便快捷地找到想要的教学资料。教师们在课上利用投影仪、网络多媒体教学机等信息化设备进行多媒体互动教学，大大提高了他们的教育教学能力。

在传统教育教学中，学生的学习完全依靠教师与教材，课堂缺乏生机。多媒体以其丰富的表现力和强大的交互性，能最大限度地唤起学生的兴趣，吸引学生的注意力。文化课上，教师通过课件让整个课堂教学直观、生动；理化课上，教师通过动画、视频变抽象为形象，让学生易于理解。多媒体班班通的实现，让嵊州市农村山区教师告别了"在黑板上种田，用嘴巴做实验"的传统说教式教学，为该市的农村教育插上了腾飞的翅膀。

"打铁还需自身硬"，有了优质的资源，不等于有了高质量的教学。高质量教学的关键还在于能否把优质的资源有效地应用于课堂教学中。嵊州市通过计算机考级、教学课件制作比赛、网络知识大赛、办公网络化等载体，按照各校制订的"数字校园一校一方案"等方法，有效地推进了教师掌握现代教育技术的进程。

在生态课堂中，还要遵循"花盆效应"，恰当地使用教材。花盆中的花卉一旦离开人的精心照料，就经不起温度的变化，更经不起风吹雨打，这就是生态学中所说的"花盆效应"。在课堂教学中，"花盆效应"表现得尤为明显。所以，生态课堂的教学，要使教学内容尽可能地与实践相联系，与生活相挂钩，并且让学生有机会走出课堂，接触自然，认识自然，了解社会。

一是运用情境化教材。一幅幅生动的图片、一组组具体的数字、一个个生动的故事，这些真实的情境能引起学生心灵的震撼，当学习充满乐趣时，学生才愿意主动去学。教师只有遵循"花盆效应"，对教材内容进行情境化处理，才能调动起不同类型学生的兴趣。

教师要给学生构建一个宽松、和谐、民主的课堂氛围，给学生充分施展灵性的空间，培养他们的创新精神。教师要通过质疑、探究、讨论等方式，激发学生的学习兴趣，引导学生积极思考，鼓励他们标新立异、大胆创新。同时，教师要深入到学生中去，注意观察、倾听并参与交流，引导学生学会感受体验教学内容，使教学过程成为教师与学生一起分享人类几千年来创造的精神财富的过程，成为分享师生各自生活经验和价值观的过程。在这一过程中，教师要帮助学生形成良好的学习习惯，掌握学习策略并发展认知能力，激发学生的学习动机，引导他们以科学的态度认识问题、分析问题。教师要肯定学生勇于探索的精神，欣赏其独到的见解，最大限度地激活学生的思维，使学习过程更多地成为学生发现问题、分析问题、解决问题的过程，成为学生发展自我、学会学习的过程。

二是采用变式化教材。课堂教学是一种通过知识引导人的智慧成长的艺术。有智慧的教育必须扎根于肥沃的、有生命力的土壤，而课堂正是这样一块丰厚的土壤，是让生命充盈着灵气、智慧、活力和激情的地方。

教学的核心是为"理解"而教，加德纳认为真正的理解是把所获得的知识、概念和技能应用到与这些知识确实相关的事件或新领域中，在变化的情境中解决实际问题。通过学生"动眼""动脑""动口"，让学生说出解题思路及区别。只有这样，才能形成教师、学生各自发展与互动发展的生态链。

典型、新颖、构思巧妙、富有创意的习题——变式训练是拓展学生思维的强大动力。变式训练包括变隐含条件、变呈现形式、变设问角度、变试题的呈现形式等多种形式。

精心设计师生共用的教学案。根据教学目标与学情，把"学"案融入"教"案中。精心设计教师教学与学生学习共用的教学案，是促进学生健康成长，实现轻负高质的有效途径。"教""学"案可以说是构建生态课堂的"设计图"。"教""学"案要明确学习任务、突出重点难点、创设学习情境、提示学习方法、提供学习支架、突破学习障碍、设置目标检测、及时矫正反馈、优化学习方式。"教""学"案要尽力做到通用性与差异性相结合、预设与生成相结合。

正值期末紧张复习阶段，走进平湖市广陈中学的语文课堂，发现的却是另外一番景象：一场辩题为"网络阅读究竟是利大于弊，还是弊大于利"的班级辩论会正在热闹进行中，正反双方学生唇枪舌剑，辩得有理有据。

七年级上册语文口语交际复习课变身的背后，教师陆林燕有她的"门道"：初中口语交际，培养的是学生日常口语交际的基本能力，而让学生学会倾听、表达和交流，辩论是一个很好的课型载体。"参与辩论的学生不论立论还是驳论，个人的观点必须明确，选择的理由必须充分。要根据生活的实际或个人的切身体会，搜集身边的有关事例，为辩论提供有力的证据。同时，辩论的语言还要注意逻辑性和严密性。这里就涉及一个口语交际的规律问题，此外中考也有写辩词的题型。让学生参与其中所获得的知识，才是真正属于学生自己的知识。"陆林燕说。

这是广陈中学开展"参悟式"教学模式改革给课堂带来的真切变化。立足于"自主参与、探究领悟"的教改，在这所偏远的农村初中生根发芽了。课堂变了，学生"活"了，教师解放了，学校的教育质量也有了质的飞跃。

从"满堂灌"逐步走向"全程助"，广陈中学的参悟式课堂究竟在哪些方面进行了变革？参悟式课堂把一节课大致分为前置作业（新课准备）、核心参悟（重难点突破）和学以致用（自我检测）三大板块。前置作业作为预习任务，课前完成，课堂前用5分钟的时间进行交流；核心参悟是花大约25分钟的时间用于突破课堂重难点，以小组合作为主，师生共同探究领悟；学以致用是让学生用大约15分钟的时间对重难点做自我检测。

为了让师生在教与学两方面都有章可循，学校按照上述结构编印了一套对应的文本资料，称为"参悟稿"。对于教师，它是一个给予指导性意见同时又富于个性化的教案；对于学生，它是集学习目标引领、前置作业指导、课堂重难点突破和当堂反馈于一体的综合性学案。前置作业的目的是让学生提出先学时遇到的困惑点，并在教师的引导下，通过独立思考、组内探究、组间展示、争鸣凝智等核心参悟环节，悟得知识并用自己的语言表达出来，完成知识的内化。前置作业和自我检测可根据学生实际情况，进行分层设计和评价。

生态课堂的研究是对教育理论的创新与丰富。生态课堂的实践为推进新课改提供了更加科学的途径与方法。在生态课堂中，师生共同参与、相互引领、圆融互摄。教师与学生之间的关系是成长中的伙伴关系。师生在同一个目标引导下进行教学活动，双方中若有一方打破这种共存关系，超过自我调节的限度，就会打乱教学秩序。如何掌握合适的度，使不同风格的教师与不同层次的学生能实现师生同情，如何智慧地转换生态课堂范式等，这些都是教育改革发展中追求"好的教育""好的课堂"所必须面对的难点。

# 第二节  生生共长：一份缺失的关怀

　　伦理学认为，伦理应该对自己、他人与社会都有贡献，否则便不具有实际意义。也就是说，伦理学视角下，"给自己一份好生活"，实质上跟"给别人一份好生活"并没有根本区别。在教育生态系统中，学生除了要对自己负责，也需要对同伴负责。这一节，我们首先讨论学生的责任以及他们在集体中的学习生活心理，然后再分析同伴关系的重要性。

---

## 学生的责任

　　作为学生，对自己负责是完成全部学习活动的伦理底线和原则，专注、精进、从师而学等品质会对学生产生重要影响。

　　所谓专注，是指集中精力、全神贯注、专心致志。一个专注的人，往往能够把自己的时间、精力和智慧凝聚到所要干的事情上，从而最大限度地发挥积极性、主动性和创造性，努力实现自己的目标。常言道，兵贵精不贵多，精则有所专注，多则散乱无纪。

　　对于"专注"诠释得最生动的莫过于那只钓鱼的小猫了。当它抱怨自己钓不到鱼的时候，猫妈妈告诉它："钓鱼就要一心一意，不要三心二意。你一会儿捉蜻蜓，一会儿捉蝴蝶，怎么能钓到鱼呢？"小猫听了猫妈妈的话，很难为情，从此就一心一意地钓鱼了。蜻蜓飞来了，蝴蝶飞来了。小猫就像没有看见一样，一步也没有走开。不一会儿，它就钓到了一条大鱼。对于每个人来说都是这样，只要能做到专注，就能钓到属于自己的大鱼。

从心理学角度来看，专注，对于身心处于生长发育阶段的中小学生和幼儿来说，显得尤为重要。孩子的专注，属于注意的稳定性和意志的坚忍性问题。它是孩子今后学习、工作，尤其是创造发明的一种可贵的心理品质，必须从小注意培养，使之有意识地担当起这份责任。学生的专注带来的不仅是目前可见的自我成就，更重要的是获得有益于未来生活的一种态度。专注不仅是学生完成基本学习任务的必要前提，是他们作为学生的基本责任，而且会提高他们的做事效率，增强自信心，并为他们将来的可持续的、生态的发展提供重要保障。

岳飞在其名作《满江红》里说："三十功名尘与土，八千里路云和月。莫等闲，白了少年头，空悲切。"这种悲怆所带给我们的启示和思考就是在年少时要不断精进，才不会老来悲叹。这里所讲的精进又称为"勤"，在佛学中意为努力向善向上，生活规律严谨，学会忍耐、勤劳不息、内心纯粹、永不满足、精益求精。这种精进的精神，对于学生来说是一种难得的品质。由此看来，精进是在专注的基础上更进一步的做法，如果说专注能保证基本的学习任务，那么精进就是突破现状，精益求精。对于学生来说，精进的含义在于不满足于目前的知识和能力，不断深入探究、追根溯源、思考未来，而这个过程需要一颗纯粹的、虔诚求知的心和坚持不懈并且目标明确的努力，这样才能排除功利的困扰，逐渐将精进内化为一种习惯，不为人生留下遗憾。

随着心理学的不断发展，我们也越来越深刻地认识到，青少年和幼儿本身所具有的好奇心和求知欲是非常强烈的，他们渴望亲身探究这个充满奥妙的世界。因此，毋庸置疑，学生是具有精进的潜质的，当他们遇到自己感兴趣的事情时会不顾一切地去摸索、探究，在得到答案的那一刻，他们收获的不仅是结果还有随之而来的快乐和自信。

　　精进的责任意识固然重要，但真正化为实际行动却并非易事。精进需要充满毅力的凝练。学生只有坚持不懈地学习，才能打开学科的大门，从而在知识的海洋里遨游。而这个开门的过程，充满了挑战。精进还需要不满于现状，勇于探索的精神，需要毫不计较功利的虔诚求知。总之，精进是一种责任，一种习惯，一种求知若渴、虚心若愚的态度。精进使人保纯、不断创新。学生若能承担起这份责任，便能一生受益，终有所成。

　　除了专注和精进，"从师而学"还有必要吗？韩愈的《师说》深刻地阐述了教师的重要作用和从师学习的必要性及择师的原则，抨击了当时士大夫之族耻于从师的错误观念，倡导从师而学的风气。这篇文章虽创作于一千多年前，但对于当今的尊师、择师、从师而学之风气的提倡仍有深刻的指导意义。

　　随着科学技术的不断发展，全球化程度的不断加深，信息传播渠道的不断拓宽，社会的自由程度和开放程度也大大增加了，学习对于学生来说已不仅仅局限于课堂，学习方式也不仅仅局限于书本了，那么"从师而学"是否还是学生的责任呢？答案是肯定的。新的时代背景下，教师的内涵也随之发生变化，但师生的伦理关系是不会变的，"从师而学"仍然是必要且必需的。

《师说》中提出老师是不论地位显贵或是低下，不论年长或是年少，道之所存，师之所存也。也就说，只要是拥有我们所不具有的学识、品质的人就可以作为我们的老师。每个人都有自己的特长，也就意味着任何人都可以成为学习的对象。早在两千多年前，孔子就已经告诉我们"三人行，必有我师焉"，生活处处有老师。因此，学生应该以"从师而学"为责任，从生活中寻找知识和智慧，不断提升自己。

## 集体中的学生

早在 1632 年，捷克教育家夸美纽斯就出版了《大教学论》，形成了班级授课制的系统化理论，而"班级"的概念正是来自班级授课制。在很长一段时间，班级成为学校的基本单位，它是由校内行政部门依据一定的编班原则把几十个年龄和学龄相当、程度相近的学生编成的正式群体。

在学校教育的不断发展中，"班集体"应运而生。有别于"班级"，它是按照班级（CLASS）授课制的培养目标和教育规范组织起来的，以共同学习活动和直接性人际交往为特征的社会心理共同体。第一，班集体是一个以学生亚文化为特征的社会群体，它传导和积淀着班级制度的社会文化基因（教育目标、规范和组织模式）；第二，班集体又是一个以教学为中介的共同活动体系，它以课堂教学为中介，整合学校、社会、家庭的教育，社会化的共同学习活动是班集体形成和发展的主要整合因素；第三，班集体还是一个以直接交往为特征的人际关系系统，正是交往和人际关系，动态地反映了集体与个体、个体与个体、集体与环境的相互作用，标志着集体的形成；第四，班集体是一个以集体主义价值为导向的社会心理共同体，集体心理的统一性和社会成熟度综合反映了集体主体性的水平。

因此，在现代学校教育中，良好的班集体对学生健康成长十分重要。陶行知曾经说过，集体生活是儿童的自我向社会化道路发展的重要推动力，它是儿童心理正常发展的必需，一个不能获得这种正常发展的儿童，可能终其身只是一个悲剧。

苏霍姆林斯基曾说过："真正的教育是自我教育。"从表面上看，班集体中的教师与学生，一方是管理者，一方是被管理者，双方地位是对立的；然而，他们彼此之间共同的教育目标（即学生的学习目标）决定了师生在教育过程中合作的可能性大大超过了他们之间的排斥与对立。事实上，在一个良好的班集体中，学生才是真正的主人。

那么，如何实现学生的自主化管理？"以人为本"是当代著名教育改革家魏书生管理班级的鲜明特征之一。曾经有学生问他："您还能做我们的班主任吗？"魏书生说："为什么不能？"学生说："我们看您太累了。"魏书生说："那我就请副班主任来管嘛。"学生问："副班主任在哪里？"魏书生说："就在每位同学的脑子里。"谈话中，魏书生不仅巧妙地向学生传达了对他们的信任，还传递了这样一个信息：管理对整个教学活动来说是必要的，但管理不是教师约束学生，而是学生在学习活动中的自我约束。魏书生的班级管理经验有以下几点。首先，他引导学生提高对管理的认识，使学生自觉意识到管理的必要性，特别是自我管理的必要性。这在客观效果上，减少了学生对管理的抵触及对抗情绪，大大减少了由师生关系不和谐产生的内耗，这无疑极大地提高了班集体管理的实效。其次，他创造性地创设了多种自我教育形式，如写"说明文""心理病历"等，大力倡导学生自我约束和自我管理，帮助他们在心里筑起第一道防线，尽量把问题消灭在萌芽状态。再次，他大大强化了规划、决策过程中的民主参与，通过引导学生制订班规班法，既使学生的意志与愿望通过合理渠道得到了满足，又密切了师生关系。同时由于学生有为自己的目标负责的倾向，所以它容易使学生对自己的行为产生自我约束，可谓"一举数得"。最后，他大胆转化管理机制，为班级重新建立起以学生自我管理为主的新机制，具体表现在全员参与，相互制衡；照章办事，责任明确；管理教学相互结合，管理的目的在于服务教学；善始善终，持之以恒。

让学生进行自我管理，是"人本"思想的发展，它并非魏书生独创。自主化管理的核心理念在于尊重学生、信任学生、依靠学生、发展学生，实现学生的自我教育。在这种理念的引领下，班集体形成了一个有机运作体系。魏书生的班级管理模式，不仅非常成功，而且在一届又一届的学生中传承，形成了一种较为独特的班级文化。

班集体既要有很好的稳定性，又要有充沛的活力；既要满足学生的社会化发展，又要满足学生的个性化发展。具有良好生态的班集体有三个要素：第一个要素是个性化要素，着重满足"这一个"学生的个性化发展；第二个要素是社会化要素，着重促进每一个学生的社会化成长；第三个要素是稳定性要素，营造班级组织稳定的小社会环境。

魏书生认为，一个班集体，一旦用"尊人者，人尊之"的思想统帅起来，成员们都在言行中尽可能多地用尊重别人的方式获得别人对自己的尊重，这个集体就会产生极大的凝聚力。每个生活在集体中的人都会感到幸福、自豪，从而发挥出巨大的潜力，取得意想不到的好成绩。班集体就是一个成长共同体，比如中小学校的班集体成员，这个年龄段的孩子处在一个身心未成熟的成长阶段，他们在班级里共同生活，结成一个成长共同体。他们主要从事以学习为主的活动，在成长的过程中获得身心发展。班集体的目标是促进青少年儿童自身的发展，这一点不同于以服务于社会为目的的成人团体。在某种意义上，班级存在的意义就是维护并促进学生身心健康发展。

现代教育所提出的"以学生发展为本"要求学校教育努力让每一个学生都获得最佳的发展。国家提出加强中小学心理健康教育，关注的就是每一个学生的人格成长，这与现代教育理念默契融会，而心理健康教育的普及性操作主要落在了班集体层面。在班级中关注每一个学生，让每一个学生个性化和社会化都能够顺利进行，这是班级共同体成员的基本任务。

## 好的同伴关系

二战期间，有六个父母被纳粹分子杀害的孩子被关在集中营里长达三年之久。其间，他们很少得到成人的照顾，几乎是彼此相互照顾着长大的，他们之间有着强烈的忠诚度和依赖关系。正是这种依恋感情，使得他们相互依赖、相互支持，最终发展成为身心健康的正常人。

同伴（通常是指同龄人或同辈人）之间由于共同的兴趣、需要、态度等而自发形成的彼此在心理上的相互关系称"同伴关系"，也称"同辈群体"。同伴关系是一个重要的社会化因素。尤其是当孩子进入青少年期后，个人的交往需要有了新的发展，同辈群体的影响日趋重要，超过了家长和教师的影响。

　　作家尼·奥斯特洛夫斯基曾说过，人的巨大的力量就在这里——觉得自己是在友好的集体里面。可见，良好的同伴关系在孩子成长过程中具有成人无法替代的作用。同时，它也是影响孩子社会化的一个重要的外部因素，对孩子社会化发展有重要价值。首先，良好的同伴关系有助于孩子获得熟练的社交技巧。经常和同伴在一起，孩子能锻炼自己和别人交流的能力，特别是语言技巧。其次，良好的同伴关系能使孩子具有安全感和归属感，有利于情绪的社会化，有利于培养孩子对环境进行积极探索的精神。这种归属感只能在群体中获得，它能减轻孩子由于孤独而出现的焦虑和恐惧。再次，良好的同伴关系有利于自我概念和人格的发展。早期同伴关系不良可能导致以后社会适应困难。同伴关系不良的儿童更易出现下列问题：退学（逃学）、孤僻、退缩、冷漠、压抑、加入不良团伙或出现其他心理障碍。正是在与他人的相互作用中，孩子才能根据自己与父母、教师、伙伴的良好交往经验进行自我认知，从而促进其人格的健康发展。

　　然而，仔细观察孩子的交往情况，我们不难发现，在同伴交往中，孩子的社交情况有着很大的个体差异：有的孩子非常受欢迎，有的不受欢迎，还有的既不受欢迎也不受排斥，属于被忽视的一类。同伴关系受不同因素的影响，一般来说，影响同伴关系的因素主要有以下几个方面。一是社会行为特征。这是孩子社交能力的重要体现。孩子之所以具有不同的社交地位，主要是因为孩子具有明显不同的行为特征。受欢迎的孩子一般具有外向、友好的人格特征，擅长双向交往和群体交往，在活动中没有明显的攻击行为，愿意分享，能坚持合作，这样的孩子极易被看作"leader（领袖）"；受排斥的孩子在与同伴交往中经常表现出许多攻击性行为甚至反社会行为，虽然他们经常试着加入群体活动，但总是因为他们的行为而被人拒之门外，这些行为包括不愿意分享与合作、不懂得交往规则等；被忽视的孩子在同伴交往中的行为是笨拙的，他们逃避双向交往。二是社会认知能力。研究表明，孩子的社会认知能力对其社交能力影响很大，受欢迎的孩子大都倾向于成为优秀的社会问题的处理者，因其社交策略的恰当性和有效性能够很好地解决冲突；受排斥的孩子更容易活动过度或离群，以自我为中心；被忽视孩子习惯以自我中心的立场来进行交往，有封闭的倾向。三是教师评价。一个孩子在教师心目中的地位如何，会间接地影响到同伴对这个孩子的评价。社会心理学家认为，在同伴群体中的评价标准出现之前，教师是影响孩子评判的最强有力的人物。四是教养方式。家庭教养方式对孩子同伴关系同样有着重要影响。父母对同伴交往干预或插手越多，孩子在同伴交往中越难以发展其社交技能。此外，孩子的外貌、名字、性别等对孩子的同伴关系也有一定的影响。

从某种意义上来说，教育就是一种交往的实践活动，个体恰恰就在这种交往中不断地进行着社会化过程。人们在交往的过程中会追求一种平等而真诚的人际关系，同伴间彼此保持着相互理解与内心沟通，共同分享意义，不断达成共识，相互印证自我的存在与成长。

## 第三节　亲子共融：完整教育的补充

父母是孩子的第一任老师。一个完整的教育生态系统中，除了师生共情、生生共长之外，还有很重要的一部分便是亲子共融。本节以教育生态的视角来阐述亲子关系的重要性以及如何建立和谐的亲子关系，试图让广大家长从中得到一些启发。

———————————◇———————————

### 和谐的亲子关系

所谓亲子关系，是指父母与子女的关系。亲子关系是我们每个人来到世间的第一种人际关系，它对每个人的身心健康发展都十分重要。事实上，一个人的基本态度、行为模式、人格结构都是在亲子互动过程中形成的。经历过从婴幼儿时期到儿童期、青年期等身心发展的重要阶段，人才逐渐形成独特的人格。

亲子关系会直接影响子女的生理健康、态度行为、价值观念及未来成就。亲子关系主要有三大影响：一是对语言发展的影响。在语言方面，比起父亲，母亲对孩子语言方面的影响更大。二是对人格形成的影响。倘若家庭关系不和谐，容易导致孩子脾气暴躁、做事冲动或冷漠自私。三是社会人际关系影响。家庭关系融洽、亲子关系亲密，孩子在爱的环境中成长，有被关爱、被需要的感觉，那么这样的孩子多数会有良好的人际关系；假如孩子一直在不和谐的亲子关系中成长，那么孩子往往会不信任他人，没有令自己满意的朋友关系。

目前，社会中普遍存在以下几种亲子关系模式。一是夫妻关系亲密，孩子同时拥有父母的爱。网络中一直流传着一句话——"对孩子最好的爱，就是爸爸妈妈相亲相爱"。据育儿专家分析，拥有和谐亲密婚姻关系的家庭，他们的孩子无论是心理方面的成长还是生活中的各种表现，都会比那些父母感情有缺陷的孩子更为优秀。因为夫妻关系和谐亲密，孩子们能体会到正确的男女相处之道，"爸妈都爱我，我也爱爸妈"有利于孩子正确婚姻观的形成。二是把孩子放在家庭的首位。当家长把孩子放在最重要的位置，那么很容易导致孩子承受父母太多的爱和期望，随之而来的压力会令孩子透不过气，这样的做法往往容易导致亲子关系破裂。三是母亲或父亲长期缺位。除单亲家庭外，一些家长由于事业心重，导致母亲或父亲经常在孩子的成长关键期缺位，这是近年来比较多存在的"假单亲"现象。事实上，父亲能给予孩子坚毅的品质，母亲能让孩子感受到温柔与细腻，偏向任何一方或缺失任何一方都不利于孩子健康人格的发展。

亲子关系是一门深奥的学科，但又是一门有意义的学科。如果亲子关系是良性的、正面的，那么父母与子女之间沟通就会更加顺畅。如何建立和谐、共融的亲子关系呢？第一，家长要正确定位自己的角色，塑造易于亲近的、美好的形象，与孩子建立平等的关系。比如，家长可以成为孩子的好朋友，而不是高高在上、难以沟通的大人。第二，家长要多关注孩子的心理变化，尽早发现并开导孩子的心理症结。家长既要乐于满足孩子的合理要求，也要适时否决孩子不合理的要求，用温和的态度进行引导。第三，家长要尊重孩子，信任孩子。当孩子生活在一个互相尊重的环境下，他就会更自信、更有责任心。第四，杜绝家暴。家长要学习科学的育儿理念，给予孩子更多空间，支持孩子独立解决问题。2016年3月1日起，我国正式施行《中华人民共和国反家庭暴力法》，目的就在于预防和制止家庭暴力，保护家庭成员的合法权益，维护平等、和睦、文明的家庭关系，促进家庭和谐和社会稳定。第五，营造温暖美满的家庭氛围。良好的家庭环境会让孩子生成乐观的生活态度，让他们能够正确面对生活中的各种问题，游刃有余地解决人际交往中遇到的困难。

总而言之，家庭环境会影响孩子的一生，肥沃的土壤培育健康的树苗，贫瘠的土壤培育扭曲畸形或瘦小的树苗。如果父母不努力走进孩子的内心，就永远无法与孩子建立联结。"骨肉相连"是一种联结，但孩子成长过程中的"精神联结"更为重要。因此，亲子关系越融洽，对孩子的成长越有利。

## 家庭中的生态教育

早在1935年，英国生态学家坦斯利就提出，生态环境是人类赖以生存与发展的生命圈，直接影响到生命活动的物质、能量和信息的总和。随着生态学的发展，生态不仅仅是一个生物学术语，更是一种新的世界观和方法论。在家庭教育中，我们必须学会用生态学的整体性观点去观察现实事物和解释现实世界。

根据教育生态学理论，家庭教育可以被看作一个影响儿童发展的生态系统，只有这一系统内的各个相关因素保持相对的平衡，才能给儿童的发展提供良好的条件和基础；否则，就会引起这一教育生态系统的失调和不平衡，从而影响儿童的健康发展。

细化到每一个家庭，除了亲子之间的和谐共处能有助于孩子成长之外，各个家庭成员之间的亲和关系也十分重要。

家庭教育生态决定了家庭教育的水平与质量，家庭教育生态又与孩子的人性、人格的养成密切相关。家庭教育生态环境对孩子来说既是一个生活圈，又是一个学习圈、成长圈。孩子健康成长和发展，离不开家庭教育生态系统，离不开教育者与被教育者之间的互动关系和良好状态。每个家庭的主体与客体、主体与环境、内部与外部、眼前与未来组成了一个生态微系统，只有防止系统失衡，才能形成良性互动的、健康的家庭生态环境。

由此，我们可以衍生出一个概念，即"家庭生态教育"。它是将家长、子女和教育这三个要素跟家庭及学校的教育精神进行有机统一的一种家庭教育形式。家长是家庭生态教育的主导者，子女是其中的主体。准确把握家庭生态教育中各个因素之间的关系，促进育人活动走向生态化，将有利于提高家庭教育效果。

# 参考文献

［1］爱德华兹，甘第尼，福尔曼，2006. 儿童的一百种语言 ［M］. 罗雅芬，连英式，金乃琪，译. 南京：南京师范大学出版社：致谢 3.

［2］陈东升，1994. 试论教育爱的三种模式 ［J］. 教育理论与实践 (2)：57-59.

［3］陈建强，2004. 试论"父性教育" ［J］. 中国家庭教育 (1)：14-16.

［4］德波顿，2009. 哲学的慰藉 ［M］. 资中筠，译. 上海：上海译文出版社.

［5］蒂尔曼，2010. 你出生的那个晚上 ［M］. 王轶美，译. 海口：南海出版社.

［6］方东美，2009. 生生之美 ［M］. 李溪，编. 北京：北京大学出版社：211.

［7］冯琳，2007. 优秀中学政治教师一定要知道的 7 件事 ［M］. 北京：中国青年出版社：96.

[8] 弗洛姆，2008. 爱的艺术 [M]. 李健鸣，译. 上海：上海译文出版社：19.

[9] 高德胜，2010a. 教育爱：一种别样的母爱 [J]. 今日教育 (4)：42.

[10] 高德胜，2010b. 什么是教育爱 [J]. 早期教育（教师版）(2)：53.

[11] 格雷，2006. 孩子来自天堂 [M]. 张雪兰，译. 北京：京华出版社：5.

[12] 谷贤林，2001. 比较视野中的中国一流大学建设 [J]. 比较教育研究 (5)：8-15.

[13] 郭海侠，2010. 沟通是走进学生心灵的钥匙 [J]. 教育教学论坛 (4)：40.

[14] 海德格尔，1996. 海德格尔选集 [M]. 孙周兴，编. 上海：上海三联书店：603.

[15] 黄翯青，等，2010. 共情中的认知调节和情绪分享过程及其关系 [J]. 西南大学学报（社会科学版）(11)：13-19.

[16] 黄少椿，2010-08-28. 蚂蚁精神带来的启示[EB/OL]. [2011-08-02]. http://jysb.shuren100.com/2010-08/28/content_26134.html.

[17] 贾汉贝格鲁，2002. 伯林谈话录 [M]. 杨祯钦，译. 南京：译林出版社：27.

[18] 杰西亚，2007. 物理学家李政道勤奋读书 [J]. 小雪花：小学快乐作文 (7)：4.

[19] 金子美玲，2018. 我和小鸟和铃铛 [M]. 烨伊，译. 北京：人民文学出版社.

[20] 靳晓燕，2008. 关注人的发展 [N]. 光明日报，2008-12-18.

[21] 卡耐基，2011. 人性的弱点 [M]. 李晨曦，译. 南京：译林出

版社：24.

[22] 科扎克，2010. 转心术：提升精神智商的 108 种妙喻 ［M］. 南昌：二十一世纪出版社：28.

[23] 李辉，2000. 梁思成：永远的困惑 ［M］. 郑州：大象出版社：17.

[24] 李家成，2004. 走向"关怀生命"的学校教育 ［J］. 人民教育（21）：2-5.

[25] 李镇西，2011-11-22. 李镇西：做有童心的教育者［EB/OL］.［2011-12-02］. http://wendang. chazidian. com/yuwen-202499/.

[26] 联合国教科文组织国际教育发展委员会，1996. 学会生存：教育世界的今天和明天 ［M］. 华东师范大学比较教育研究所，译. 北京：教育科学出版社.

[27] 林洙，2011. 梁思成、林徽因与我 ［M］. 北京：中国青年出版社.

[28] 刘惊铎，2003. 道德体验论 ［M］. 北京：人民教育出版社：135.

[29] 刘群，2009. 周培植和他的区域教育生态理论 ［J］. 人民教育（18）：16-17.

[30] 卢梭，2001. 爱弥尔：上卷 ［M］. 李平沤，译. 北京：人民教育出版社.

[31] 洛克，2006. 教育漫话 ［M］. 杨汉麟，译. 北京：人民教育出版社：4.

[32] 马德举，2005. 从七人分粥的故事所想到的 ［J］. 领导之友（2）：16-17.

[33] 毛文凤，2009. 神性智慧：生态式教育的形上之维 ［M］. 南京：江苏人民出版社：102.

[34] 蒙培元，2008. 从中国生态文化中汲取什么? ［J］. 社会科学

战线（8）：4-38.

[35] 诺斯，1994. 制度、制度变迁与经济绩效 ［M］. 刘守英，译. 上海：上海三联书店：3.

[36] 钦佩，安树青，颜京松，2002. 生态工程学 ［M］. 南京：南京大学出版社：21.

[37] 秦元东，2009. 论教育爱 ［J］. 学前教育研究（7）：32-36.

[38] 萨瓦特尔，2007. 哲学的邀请：人生的追问 ［M］. 林经纬，译. 北京：北京大学出版社.

[39] 萨瓦特尔，2008. 伦理学的邀请：做个好人 ［M］. 于施洋，译. 北京：北京大学出版社.

[40] 施特劳斯，2003. 自然权利与历史 ［M］. 彭刚，译. 北京：生活·读书·新知三联书店：63.

[41] 史密斯，2000. 全球化与后现代教育学 ［M］. 郭洋生，译. 北京：教育科学出版社：29-30.

[42] 叔本华，2009a. 得与失的智慧 ［M］. 杨涛，等，译. 武汉：长江文艺出版社：22-23.

[43] 叔本华，2009b. 叔本华美学随笔 ［M］. 韦启昌，译. 上海：上海人民出版社.

[44] 舒马赫，2007. 小的是美好的：一本把人当回事的经济学著作 ［M］. 李华夏，译. 南京：译林出版社.

[45] 松居直，2007. 幸福的种子：亲子共读图画书 ［M］. 刘涤昭，译. 济南：明天出版社：1-2.

[46] 苏霍姆林斯基，1983. 教育的艺术 ［M］. 肖勇，译. 长沙：湖南教育出版社：9.

[47] 孙剑，张甫卿，2007. 美国国务卿赖斯回忆她的母亲 ［J］. 家庭护士（2）：28.

［48］梭罗，2004. 瓦尔登湖［M］. 徐迟，译. 上海：上海译文出版社.

［49］泰戈尔，2007. 飞鸟集：中英对照［M］. 郑振铎，译. 北京：中国书籍出版社：147.

［50］陶行知，2005. 陶行知全集［M］. 方明，主编. 成都：四川教育出版社：308.

［51］田海平，2000. 哲学的追问［M］. 南京：江苏人民出版社：208.

［52］万学，2011. 生活的态度［J］. 文苑：经典美文（1）：3.

［53］王迩淞，2011. 奢侈态度［M］. 杭州：浙江大学出版社：4-5.

［54］韦苇，2005. 有裂缝的水罐［J］. 教师博览（8）：19.

［55］韦秀英，2010. 给心灵洗个澡全集［M］. 哈尔滨：黑龙江科学技术出版社：230-231.

［56］魏楚豫，2003. 一生要看的50部经典电影［M］. 北京：北京工业大学出版社：33.

［57］肖川，2002. 教育的理想与信念［M］. 长沙：岳麓书社：74.

［58］肖川，2007. 教育的使命与责任［M］. 长沙：岳麓书社.

［59］徐国利，2011-06-23. 区域史研究中的一个基本理论问题：区域史的定义及其区域的界定和选择［EB/OL］.［2011-08-02］. http://www.douban.com/group/topic/20650662.

［60］雅斯贝尔斯，1988. 智慧之路［M］. 柯锦华，范进，译. 北京：中国国际广播出版社：1.

［61］杨通进，2008. 生态二十讲［M］. 天津：天津人民出版社：58.

［62］一品，2007. 信仰之悟［J］. 意汇（10）：53.

［63］张文亮，2010. 牵一只蜗牛去散步［M］. 北京：中国工人出版社.

［64］张学延，2010. "过程"体现"价值"：由《教育是慢的艺术》

想到的［J］．教育科研论坛（9）：94．

［65］张志伟，2009．西方哲学智慧［M］．北京：中国人民大学出版社：5．

［66］赵敏霞，2006．道德教育是学校教育的根本［J］．班主任（1）：33．

［67］周国平，2007－02－26．周国平自选集［EB/OL］．［2011－03－02］．http://vip. book. sina. com. cn/book/chapter_41839_25175. html.

［68］朱光潜，2011．给青年的十二封信［M］．长沙：岳麓书社：69．

# 后 记

从提出区域教育生态理论研究主题到《好的教育——区域教育生态理论的研究与实践（第二版）》最后成书，经历了深入的摸索、反思体悟和实践过程。这其中，每一步虽然走得艰难，但是每一个挑战都是让我们不断前进的动力。

好的教育，是敬畏生命、尊重个性、生发智慧的教育；是向真、向善、向美、向优的教育。本书以"生命—人—教育—教育的思想方法—教育的内容"为逻辑，以"价值内涵—内在追求—方法论基础—特定范围—重要内容"为结构，勾勒了区域教育生态理论的基本样子，每一个过程的递进也在诠释着"好的教育"的价值内涵。《好的教育——区域教育生态理论的研究与实践》是我们的血液中流淌着的教育生态观念在下城实验区开花结果的产物，那么第二版再现的更多的是对"好的教育"，特别是生命、生态教育的再思考。有学者提过，教育的本质是生命教育。这些年来，生命教育也越来越被重视，而"生命"的思想与本书的观点也是完美契合的。然而，在当前教育背景下，人们对生命教育的理解和运用也是比较缺失的，这正是本书出版第二版的原因，希望通过传递"好的教育"的理念，让大家逐渐体会到，生命的教育应该是通过生命影响生命，通过灵魂直击灵魂，让学生通过生命的感悟学会善良和美好的教育。同时，这样的理念、方式应该被更多地运用到我们当下的教育中。

好的教育，我们一直在路上，我们从未停止探索，我们一直在努力……

真诚感谢本课题研究和书稿汇编过程中各位专家、学者、同仁的支持、鼓舞和启发。

真诚感谢引用作品的相关作者，你们的智慧结晶为本书理论和案例的丰盈提供了支持。

**周培植**

出 版 人 李 东
责任编辑 颜 晴
版式设计 三味设计工作室 沈晓萌
责任校对 贾静芳
责任印制 叶小峰

**图书在版编目（CIP）数据**

好的教育：区域教育生态理论的研究与实践／周培
植著. —2版. —北京：教育科学出版社，2019.10
ISBN 978-7-5191-2032-0

Ⅰ.①好… Ⅱ.①周… Ⅲ.①区（城市）—基础教育—
研究—中国 Ⅳ.①G639.21

中国版本图书馆 CIP 数据核字（2019）第 226034 号

好的教育：区域教育生态理论的研究与实践（第二版）
HAO DE JIAOYU：QUYU JIAOYU SHENGTAI LILUN DE YANJIU YU SHIJIAN（DI-ER BAN）

| | | | | |
|---|---|---|---|---|
| 出版发行 | 教育科学出版社 | | | |
| 社 址 | 北京·朝阳区安慧北里安园甲9号 | 市场部电话 | 010-64989009 | |
| 邮 编 | 100101 | 编辑部电话 | 010-64981265 | |
| 传 真 | 010-64891796 | 网 址 | http://www.esph.com.cn | |
| 经 销 | 各地新华书店 | | | |
| 制 作 | 北京金奥都图文制作中心 | | | |
| 印 刷 | 中煤（北京）印务有限公司 | | | |
| 开 本 | 720毫米×1020毫米 1/16 | 版 次 | 2019年10月第2版 | |
| 印 张 | 15 | 印 次 | 2019年10月第1次印刷 | |
| 字 数 | 146千 | 定 价 | 45.00元 | |